감05 타일
GARM ISSUE 05 TILE

초판 1쇄 발행 2018년 2월 19일
초판 4쇄 발행 2023년 2월 22일

발행인	윤재선
편집장	심영규
에디터	정신오, 정경화
객원에디터	정사은
디자인	이경민
사진	이수연
국문감수	하명란
발행처	에잇애플㈜
출판등록	2017. 4. 14.(제2017-000078호)
주소	06580 서울특별시 서초구 서래로6 B1층
전화	02-537-1536
팩스	02-537-1532
전자우편	info@8apple.kr
홈페이지	garmmagazine.com
SNS	garm_magazine
	garmssi
ISBN	ISBN 979-11-961156-7-8
	ISBN 979-11-961156-5-4(세트)

- 파본이나 잘못된 책은 구입처에서 바꾸어 드립니다.
- 이 책은 저작권법에 따라 보호받는 저작물이므로 무단전재와 무단복제를 금지하며, 이 책 내용의 일부 또는 전부를 이용하려면 반드시 사전에 저작권자와 출판권자의 서면 동의를 받아야 합니다.
- 책값은 뒷표지에 있습니다.

Printed in Seoul, South Korea
All rights reserved. No part of this publication may be reproduced, stored in a retrieval system, or transmitted in any form or by any means, electronic, mechanical, photocopying, recording, or otherwise, without prior consent of the publisher.

감씨는 에잇애플에서 발행하는
건축재료 단행본 시리즈의
브랜드입니다.

GARM Magazine
감 매거진

다섯 번째 재료: 타일

garmSSI

Prologue

공간의 진정성과 재료의 재발견

현대건축은 인류가 오랜 시간 생존을 위해 자연을 극복하며 만들어낸 '지식의 산물'이다. 작은 텐트 하나에도 자연에서 터득한 지혜와 그 한계를 극복하기 위한 지식이 층층이 쌓여 있다. SNS를 통해 유행처럼 공유되는 건축물의 소비 형태는 이러한 지혜와 지식을 정확히 전달하지 못한다. 건축의 중요한 정보는 대부분 보이지 않는 곳에 가려져 있기 때문이다.

급변하는 사회에서 건축의 역할은 빠르게 변한다. 100년을 내다보던 건축이 30년도 안 되어 철거되고 다시 지어진다. 구조적 노후 때문이 아니라 경제적 가치를 비롯한 사회적 수명이 다해서다. 고즈넉했던 동네 골목의 풍경이 매일 시끄러운 공사로 바뀌고 수익을 위한 임대 공간이 되어 내외부는 수없이 용도와 분위기를 끊임없이 바꾼다. 이렇게 사람들은 철거와 시공을 반복하며 건축을 소비한다.

이런 짧은 주기의 건축 환경에서도 사람은 영원한 건축, 즉 '기억의 장소'를 꿈꾼다. 이곳은 우리의 기억 속에서 언제나 한결같은 모습으로 만날 수 있는 곳이다. 어떻게 하면 지속성을 추구하는 인간의 본능에 충실하면서 시간의 변화를 극복하는 공간을 만들 수 있을까?

그 질문의 대답은 '진정성'에서 찾을 수 있다. 그것은 물질이 아닌 태도, 바로 '시대정신'에 있다. 본질을 유지하면서 시대에 유연하게 적응해나가는 시대정신은 공간 속에도 존재해 왔다. 인류는 자연의 한계를 극복하면서 본연의 욕망을 실현하기 위해 다양한 건축기술을 발전시켜 왔다. 새로운 재료의 발견은 한 시대의 문명을 만들고 지배했다. 다양한 건축공학 기술은 재료를 기반으로 발전했고, 소재 개발과 건축 재료화라는 반복된 과정으로 건축은 진화를 거듭한다.

실제로 시대마다 가치 있게 기능하는 훌륭한 건물 대부분은 건축재료를 공학적으로 잘 풀어낸 결과다. 재료 안에 쌓인 기술과 지혜는 공간의 본질을 만드는 밑거름이 되어왔고, 그 재료는 물질인 동시에 쓰임에 대한 정신, 즉 구축하고자 하는 의지인 것이다.

재료는 쓰임마다 목적이 있다. 공간의 구축 의도와 재료가 부합할 때 건축의 수명은 늘어나고 사회적 비용은 줄어든다. 반대로 공간의 의도와 재료가 조화를 이루지 못하면 건축은 기능을 상실하고 파손돼, 사회적 손실을 낳는다. 공간적 특성과 맞는 재료의 선택은 기능을 보강하면서 동시에 심미적 충족감을 선사한다. 그 선택이 적절하지 않다면 공간에 대한 거부감이 증폭된다. 공간과 목적에 충실한 재료를 탐색하고 적용하는 실현화 계획은 단순한 재료의 선택에 머무는 것이 아니라 재료의 쓰임에 대한 정신을 찾고 공간의 진정성을 만드는 과정이다.

재료의 올바른 선택은 설계 의도를 풍부하게 확장하고 그 가치를 극대화한다. 타성에 젖어 선택하는 재료가 아니라 그 속의 진정한 면모를 확인하여 당신의 공간에 재료의 생명력을 입혀야 한다.

기술의 발달을 흡수하며 탄생한 재료의 기능과 쓰임을 파악하자. 색상과 무늬같은 표면적 표현을 넘어서 당신이 누릴 공간에 다채로운 기능, 추억, 행복, 포근함 같은 시간과 감동이 쌓이게 하자. 살아가며 오랜 시간을 축적할 공간에 재료의 진정성을 입히자. 나는 이 책 속에 그 시작이 있다고 믿는다. 건축을 넘어 그 안에 감추어진 우리 자신을 발견하기 위한 이 탐구는 아마 길고 힘든 여정이 될 것이다. 그리고 당신과 함께 완주할 그 여정 이후에 탄생할 진정한 공간을 이 책과 함께 기대해본다.

2018년 2월
발행인 윤재선

Editorial Letter

도시를 바꾸는 점묘화

국내에서 타일은 한때 많은 사람이 즐겨 찾는 건축재료였다. 1960~80년대까지만 해도 주택의 외벽이나 대문에 작은 모자이크 타일을 일일이 붙여서 장식했고, "아 그 타일 건물!"이라고 부르면 누구나 알 수 있듯, 동네에 몇 되지 않은 값비싼 건물의 외장재료였다. 한 장 한 장 사람이 직접 손으로 붙여야 했고, 특히 4층이 넘어가면 위험을 감수하고 작업해야 했기 때문이다. 그러나 지금은 새로 지은 '타일 건물'을 발견하기 어렵다. 주방이나 화장실 혹은 카페의 바닥이나 식당의 벽면에 주로 쓰이며 인테리어 재료가 됐다.

그 많던 타일은 어디로 갔을까?

많은 전문가가 타일이 실내로 숨은 이유를 '인건비 상승', '아파트로 대변되는 주거 양식의 변화', '다양하지 않은 국산 제품' 그리고 '탈락이나 깨지는 등 제품의 하자'를 원인으로 삼는다. 한때 30여 곳이 넘던 국내 타일공장이 지금은 10여 곳만 남았다. 김진호(한국세라믹기술원 연구원)는 "1% 이하의 흡수율을 갖는 자기질 타일이 건축물 외벽에 설치되어야 함에도, KS 규정에서 자기질 타일의 흡수율은 3% 이하로만 규정하여 제품 관리가 제대로 이루어지지 않은 것도 영향을 미쳤다"고 지적한다. 눈과 비를 맞는 외장 타일은 '흡수율'이 품질과 안전에 중요하다. 흡수율이 낮을수록 탈락이나 깨지는 위험이 적기 때문이다. 결국 지나치게 낮은 KS 기준이 국산 제품의 품질과 발전을 저해했다는 이야기다.

안타까움과 부러움 사이

좁은 골목길을 걷다 눈에 띄는 건물을 발견했다. 순백색의 깨끗한 타일 건물이다. 멀리서 보면 모눈종이처럼 보이기도 하고 가까이 다가서면 반듯하게 정렬된 줄눈이 보인다. 일본 스완 타일사의 퓨어캐슬(95×45㎜)이란 제품을 사용한 어라운드 사옥(설계 푸하하하프렌즈, p.59 참고)이다. 일본에서는 지금도 타일을 외장재로 쓴 건물을 쉽게 발견할 수 있다. 관공서나 경찰서같은 건물에도 어김없이 순백색이나 다양한 색상의 고품질 타일을 사용해 다양한 크기와 디자인으로 깔끔하게 정리된 입면을 보여준다. 울퉁불퉁하거나 색이 바래거나 때가 타거나 하지 않고 잘 관리되고 있다.

이 책을 마무리하면서 중국 타일 수입과 현지 공장에 관한 소중한 정보를 들을 수 있었다(p.87 참고). 중국 남부 광둥성의 포산시로 대변되는 중국의 타일산업은 그야말로 입이 떡 벌어진다. 한 공장에선 길이 560m의 거대한 가마가 32개나 돌아간다고 한다. 국내 업체와 비교할 수 없는 규모다. 중국 타일은 단순히 대량생산과 저렴한 인건비로 인한 가격경쟁력만 있는 게 아니다. 수천수만 가지 다양한 디자인과 우수한 품질을 자랑하며 흡수율 0.5% 이하의 제품도 쉽게 구할 수 있다. 가까운 일본과 중국을 보며 안타까움을 넘어 부러운 마음이 들었다.

새로운 타일의 가능성

근래에 들어서 몇몇 건축가들이 타일의 가능성에 집중하기 시작했다. 단열재가 발달하면서 많은 재료들이 질감을 살린 치장재로 변하고 있다. 반드시 세라믹 타일이 아니더라도 목재나 석재, 벽돌을 얇게 켜내서 타일처럼 사용한다. 콘크리트 패널이나 흙을 구워서 만든 테라코타로 디자인을 하고 패널로 시공해 비용과 탈락, 안전 문제를 해결했다. 클레이아크 김해미술관의 초대 관장으로 재직했던 신상호 작가는 자체 철물을 개발해 아트타일을 건축도자 타일로 활용하는 가능성을 보여줬다(p.47 참고). 건축가 김동진(로디자인 도시환경건축연구소, p.63 참고)은 다양한 건축자재를 얇게 켜 대형 병원 건물의 외장재로 활용했다.

앞으로 많은 사람의 연구와 노력으로 타일이 개발되고, 개념이 확장되고, 더 많은 건축자재가 타일처럼 사용되기를 기대한다. 형형색색의 아름다운 타일이 건물 외부로 나오고, 이 도시의 풍경이 점묘화처럼 아름답게 바뀌길 바란다.

편집장 심영규

타일은 다양한 패턴과 화려한 색감으로 공간에 시각적 즐거움을 불어넣는다. 사진은 ㈜스트락스 어쏘시에이트가 디자인한 스페인클럽 롯데월드몰점(p.75 참고)

타일은 국내에서 주방과 화장실에 주로 사용된다. 하지만 같은 공간이라도 어떤 타일을 사용하고 배치하느냐에 따라 다른 분위기를 연출할 수 있다.

포르투갈 포르투에 있는 카르무 성당Igreja do Carmo. 백색과 청색 유약으로 그림을 그린 아줄레주 타일로 마감했다.

이란 이스파한의 이맘광장 남쪽에 위치한 샤 모스크shah mosque. 이슬람교 시아파의 성원聖院으로 건물의 내외부가 47만 개의 타일로 마감되었다. 푸른색의 타일은 빛에 따라 다른 색으로 보인다.

타일의 종류와 코드

세라믹 타일 Tce

　도기 타일 Tce01

　석기 타일 Tce02

　자기 타일 Tce03

　시유타일 Tce00-ㅁ

　무유타일 Tce00-■

　모자이크타일 Tce00-▨

비닐타일 Tvn

　비닐타일 Tvn01

　럭셔리비닐타일 Tvn02

시멘트타일 Tcm

　시멘트타일 Tcm01

　엔커스틱타일 Tcm02

콘크리트타일 Tco

카펫타일 Tca

고무타일 Trb

GARM

ISSUE 05 TILE

Contents

Intro
- **Prologue** 공간의 진정성과 재료의 재발견
- **Editorial Letter** 도시를 바꾸는 점묘화

1. Story of Tile
- 1.1 **History of Tile** 타일의 역사: 인문학적 이야기 — 18
- 1.2 **Functions of Tile** 타일의 성능: 국내시장의 한계와 가능성 — 24
- 1.3 **Sort and Usage of Tile** 타일의 종류와 쓰임: 소재로 알아보는 일곱 가지 타일 — 28

2. Application of Tile
- 2.1 **Variation of Tiles' Pattern** 타일 패턴의 변주 — 34
- 2.2 **Reportage** 국내 타일 제작의 역사를 만들다 ㈜삼현 신용덕 전무 — 40
- 2.3 **Reportage** 건축, 불로 그린 그림을 입다 도예가 신상호 — 46
- 2.4 **Trend of Tile** 일상에 스며든 타일 — 56
    - 2.4.1 모눈종이와 같은 순백색의 아름다움: 어라운드 푸하하하프렌즈 윤한진 공동대표
    - 2.4.2 얇은 조각이 만드는 볼륨의 일체성: 마트료시카 로디자인 도시환경건축연구소 김동진 대표
    - 2.4.3 재료에 담긴 100년의 세월: 브라운핸즈 백제 브라운핸즈 이준규 대표
    - 2.4.4 패턴이 불어넣은 활력: 스페인클럽 스트락스 어쏘시에이트 박광 대표
    - 2.4.5 곡선을 따라 흐르는 분홍빛 편안함: 바이딱 디자인형태 김형태 대표

3. How to Make
- 3.1 **Choice of Tile** 타일 선택 가이드 — 82
- 3.2 **Tile Store** 타일 매장 방문기 — 90
- 3.3 **Tiling Tools** 타일 시공 도구 선택하기 — 100
- 3.4 **Installation of TIle** 타일 시공의 실제 — 104
- 3.5 **Maintenance of Tile** 타일의 유지보수 — 110
- 3.6 **Tiling Know-How** 전문가의 타일 시공 노하우 — 112

4. Supplement
- 타일 업체와 대리점 정보 — 116
- 타일로드 — 118

1

Story of Tile

History of Tile

타일의 역사: 인문학적 이야기

글 박한나 (큐레이터)

'덮는다', '씌운다'는 뜻의 라틴어 테굴라tegula에서 유래한 타일은 내구성이 약한 건축물이나 구축물의 표면을 덮어 구조의 내외부를 보호했다. 과거부터 지금까지 다양한 색과 모양으로 만들어져 건축에 예술성을 부여하는 타일의 역사에 대해 알아본다.

한 장의 세라믹 타일Tce은 건축의 '재료'이기 이전에 인류의 삶과 문화를 반영한 생활 예술품이자 과학기술의 결정체다. 그 모습을 살펴보면 문화권에 따라 타일의 형태와 문양이 달랐는데, 이는 기술력과 발색, 정교함, 때로는 건축양식과 종교의 차이에서 생겨난다. 석조 건축물을 짓는 서양에서는 주로 벽면을 장식하는 마감재로 쓰였다. 목조 건축물이 대부분인 동양에서 타일은 비를 막는 기와瓦와 장식용 전塼(벽돌)으로 사용했다. 또 이슬람 문화권에서는 우상을 직접 만들지 않고 신을 숭배하는 아라베스크식의 곡선을 타일로 표현해 사원을 장식하기도 했다.

건축도자의 도입

도자를 건축에 처음 사용한 시기는 대략 기원전 5000여 년경으로 문명을 이룩한 메소포타미아에서였다. 당시의 도자는 아도베adobe벽돌을 덮개 없는 화덕에 구운 소성벽돌이다. 아도베벽돌은 강가의 진흙을 밀짚과 섞어 네모난 틀에 넣고 햇볕에 건조해서 만든 것으로, 제작은 간편했지만 물에 쉽게 녹아내리는 단점이 있었다. 이를 보강하기 위해 소성벽돌이 만들어졌다. 하지만 소성벽돌은 구축이라는 벽돌 본연의 목적에서 벗어나 타일과 비슷하게 벽체를 마감하고 장식하는 용도로 사용되었다. 대표적으로 신바빌로니아에서 제작된 이슈타르의 문Ishtar Gate이 있다. 이 문은 네부카드네자르 2세Nebuchadnezzar II.(BC605~BC562)의 통치 시기에 축성된 신바빌로니아 제국의 성문이었다. 성문의 표면은 푸른색 유광벽돌로 이루어졌고 그 위에는 노란색, 하얀색으로 유약을 바른 상상 속 동물 문양이 부조되어 있다. 대략 높이 14m에 길이 250m로 추정되는 이 거대한 성문은 당시 신바빌로니아 제국이 얼마만큼 번영했는지를 짐작하게 한다.

본격적으로 타일을 사용하기 시작한 것은 기원전 3000여 년경 이집트 건축가 임호테프Imhotep가 축조한 파라오 왕 조세르The Pharaoh Djoser(BC 2686~BC 2613)의 계단식 피라미드에서였다. 약 3만 장의 작은 타일이 왕의 지하통로 벽에 붙어 있었으며 푸른색을 띠었다. 이는 파이앙스[1] 소지[2]에 알칼리성의 유약인 소다유를 발라서 구운 것으로, 진귀한 보석 중 하나인 청금석의 푸른색을 흉내내 무덤의 품격을 드높이기 위함이었다. 청색 파이앙스타일은 피라미드에 처음으로 적용된 후 왕궁에서도 사용됐다. 이후 다양한 형태와 색상의 타일이 등장했다.

신바빌로니아에서 제작된 이슈타르의 문. 푸른색 유광벽돌 위에 부조 형식으로 노란색, 하얀색으로 동물 문양이 부조되어 있다.

이슈타르의 문은 성벽의 길이와 높이가 약 250m, 14m로 당시 신바빌로니아 제국이 얼마나 번영했는지 짐작할 수 있다.

파라오 조세르의 계단식 피라미드 내부. 기원전 3000년경 만들어진 것으로 지하통로 벽을 파이앙스 소지에 유약을 바른 푸른색의 타일 3만 장으로 장식하였다.

채유 타일의 발달

유약을 발라서 구운 '채유 타일 glazed tile'의 독보적인 발전은 이슬람 문화권에서 이루어졌다. 이란의 이맘 모스크, 터키의 블루 모스크, 그리고 스페인의 알함브라 궁전 등에서는 섬세하고 화려한 채유 타일을 볼 수 있다. 고도로 발달된 장식 기법과 세공은 현대까지 놀라움과 감탄을 자아낸다. 유독 이슬람 문화권에서 이처럼 뛰어난 채유 타일이 만들어진 배경은 무엇일까? 이슬람은 7세기부터 13세기 중엽까지 번성하며 당시 아프리카 북부, 유럽의 이베리아 반도, 현재의 이란지역인 사산조페르시아, 그리고 동서양을 잇는 실크로드를 장악하였다. 척박한 자연환경의 근동지역에서 세력을 키운 이슬람은 사회문화적으로 성숙한 하부구조를 갖지 못했다. 이에 정복한 지역의 문화를 거부감 없이 수용하며 로마 가톨릭, 동로마의 그리스정교, 페르시아의 오리엔트문명, 중국의 중화문명 등 당대 가장 찬란했던 문화를 융합해 발전시켰다. 이 같은 역사적 배경은 타일에도 담겨 있다. 로마 모자이크에 수학적 반복과 대칭 미[?]를 더한 이슬람 모자이크, 중국의 백자를 모방하여 제조한 하얗고 불투명한 주석 백약 도기 타일과 중국의 청화백자를 흉내낸 백지 남채 도기 타일[Tce01]이, 아프리카 이집트로부터 전수된 금속 광택의 러스트타일까지. 이슬람 타일을 바라보면 여러 지역의 문화적 요소가 눈에 들어온다. 또한 타일에 그려진 아라베스크 문양은 세밀하고 정교한 오리엔트 미술과 우상숭배를 철저하게 금지한 이슬람 교리가 녹아 있다. 아라베스크 문양은 사람과 동물 대신 꽃과 나무를 아랍어 서체와 결합하고, 이를 다시 반복, 대칭 배치해 이슬람 사원의 내외부를 장식하며 신의 세계를 재현하였다.

이슬람의 발달된 타일 제조기술은 8세기 중엽 우마이야 왕조가 유럽의 이베리아 반도를 정복하면서 스페인으로 전파된다. 그리고 르네상스와 바로크 시기에 유럽 여러 나라로 확산된다. 이때 유럽은 타일 역사상 가장 다양한 발전을 이룩한다. 이것은 주석 백유 도기[?]의 다채로운 활용

스페인 그라나다에 있는 알함브라궁전. 알함브라는 아랍어로 '붉다'라는 뜻으로, 내부는 원색의 타일로 장식해 세련됨을 더했다.

덕분이었다. 이 도기는 생산지에 따라 서로 다른 명칭으로 불렸는데 이탈리아에서는 마졸리카, 프랑스에서는 파이앙스, 포르투갈에서는 아줄레주, 네덜란드와 잉글랜드에서는 델프트라 불렸다. 유럽 타일은 초기에 이슬람풍 타일을 모방하였지만 점차 서양의 회화기법을 타일에 사용하며 자기[?]화하는 과정을 거쳤다. 귀족과 왕은 자신의 별장과 궁전을 치장하는 용도로 타일을 애용하였고 타일로 둘러싸인 방과 건축물은 그들에게 큰 자랑거리였다.

타일의 보편화

타일은 18세기 영국의 산업혁명을 통해 현대인의 일상적 재료로 자리 잡았다. 이전까지는 제작 과정이 까다롭고 수공비가 많이 들어 중국의 도자기와 보석만큼 귀한 재료로 여겨졌으며 왕, 귀족, 부르주아들의 사치품이었다. 하지만 기차가 질 좋은 흙을 실어 날랐고, 타일 전사 기법과 건식제조 기술이 발명됨에 따라 생산과정이 간단해졌다. 19세기에 이르러 자본주의 체제가 완성되면서 건축 붐이 일어났고 공공시설물과 주택을 타일로 장식하며 중산층에게까지 널리 보급되었다.

한국의 타일

국내에서 타일이 대중화된 것 역시 산업 발달의 영향이 크다. 최초의 경질 도기 회사는 1920년 일제강점기에 일본인이 설립한 것이었고, 해방 후 서울과 경기도 일대에 타일공장이 세워졌다. 하지만 대체로 도자기 제조를 겸업한 형태를 벗어나지 못해 대부분 일본에서 수입하여 사용하였다. 국산 타일이 본격적으로 제작되기 시작한 것은 1961년 정부가 산업발전과 외화벌이를 위해 일본 타일의 수입을 금지하면서부터다. 그리고 1970년대 주택건설 붐으로 타일 수요가 지속적으로 늘어 1980년에 최고점을 찍었다. 하지만 급격하게 개발된 타일은 고대부터 이어져온 재료 본연의 역사성과 예술성을 담아내지 못했다. 한국의 세라믹 타일은 기계화와 산업화에 따라 건축재로써 기능적인 면을 충족시킨 산업 타일과 미적인 부분에

이란 이스파한의 이맘광장 동쪽에 위치한 셰이크로트폴라 모스크Sheikh lotfollah mosque.
이슬람 모스크 중 드물게 노란색을 많이 사용하였다. 타일 역시 노란색과 파란색을 사용했다.

독일 뮌헨의 님펜부르크 궁전의 별채 파고덴부르크 내부.
당시 타일은 제작과정이 까다로워 왕과 귀족만 사용할 수
있는 귀한 재료였다.

이경민 작가의 '모듈 페인팅Module Painting'. 클레이아크 김해미술관에서 진행된 개관 10주년 기념전 <Post Tile, 타일 이후의 타일>에 전시되었다.
ⓒ클레이아크 김해미술관

초점을 두어 예술의 표현매체로 쓰이는 예술 타일로 발전했다.

타일의 가능성

포스트모더니즘 시대로 진입하며 산업 타일과 예술 타일의 경계가 모호해지고 있다. 예술과 산업이 서로 융합되면서 예술성을 갖춘 산업 타일, 그리고 산업성을 갖춘 예술 타일이 생산되기 때문이다. 세라미카 비바Ceramica Viva사는 사진작가의 작품을 전사한 초경량 대형 벽타일을, 뮤티나Mutina사는 미학적 패턴을 지닌 아트타일을 선보인다. 예술계에서는 니노 카루소Nino Caruso, 신상호 같은 예술가가 모듈 방식[4]이나 건식 슬라이드 부착 방식[5]을 이용하여 수제 타일을 대량으로 생산하고 실제 건축 외벽에 대규모로 시공하고 있다. 뿐만 아니라 마리오 보타Mario Botta, 렌조 피아노Renzo Piano 같은 현대건축가들이 세라믹 소재를 건축에 적극 사용하며 건축계에 새로운 바람을 불어넣고 있다. 호주 시드니의 오페라 하우스(1973), 스페인 바로셀로나의 산타 카트리나 마켓(2004), 미국 뉴욕의 아트앤디자인 미술관(2008), 국내의 클레이아크 김해미술관(2007)까지 세라믹 타일을 이용해 뚜렷한 정체성과 인지도를 얻은 건축물들이 세계 곳곳에 있다. 4차 산업혁명과 3D 프린팅 기술이 발전할 미래에는 어떠한 타일이 만들어질까? 타일은 벽돌과 함께 인류 역사상 가장 오래된 재료로 손꼽힌다. 하지만 유물로 박제되지 않고 현대인의 삶 전반에 자리 잡아 과거와 현재를 잇고 과학과 예술을 관통하고 있다. 타일을 주목해야 하는 이유가 바로 여기에 있다.

박한나 큐레이터

건축도자를 전문으로 하는 클레이아크 김해미술관 큐레이터로 10년간 재직하며 2016년 세라믹 타일의 다채로운 속성을 현대미술의 포스트모던적 현상과 결부한 <Post-Tile, 타일 이후의 타일>전을 기획하였다. 현재는 부산광역시 소속 학예사로 활동 중이다.

용어정리
1) 파이앙스 고대 이집트에서 석영의 분말을 단단하게 뭉쳐서 모양을 만들고, 색유를 칠해서 소성한 도자류
2) 소지(素地) 도자기를 만들기 위한 바탕흙
3) 주석 백유 도기 초벌 소성하였을 때 노란색, 검은색 혹은 갈색을 띠는 완도 흙에 백색 유약을 발라 재벌하여 불투명한 흰색을 띠는 타일
4) 모듈 방식 하나의 시스템을 구축하는 방식으로 형태를 여러 개의 모듈로 만들어 작업을 반복적으로 계속 수행할 수 있도록 한 작업 방식을 뜻함
5) 건식 슬라이드 부착 방식 온도와 습도 변화에 따라 탈락현상이 발생하는 타일 시공 방식을 보완하기 위해 개발된 방식이다. 신상호 도예가는 개별 소성한 타일을 건축 표면에 슬라이드 형식으로 끼워 넣음으로써 향후에 손쉽게 타일을 교체할 수 있도록 하였다.

Functions of Tile

타일의 성능: 국내시장의 한계와 가능성

글 김진호(한국세라믹기술원 책임연구원)

타일은 치장재지만 주로 습기에 노출된 부위에 사용하기 때문에 흡수율이 낮아야 한다. 그 밖에도 새로운 성능을 더하는 연구가 진행 중이다. 건축재료로써 세라믹 타일의 성능과 전망에 대해 알아본다.

건축용 세라믹 타일의 종류

타일tile이란 건축물의 바닥, 벽, 지붕 등을 덮는 널판 모양의 재료를 의미한다. 하지만 이 글에서는 흙을 소재로 하여 1,000℃ 이상의 고온에서 열처리로 제작되는 도자기질의 세라믹 타일Tce을 다룬다. 건축용 세라믹 타일의 종류는 다양한 기준으로 구분할 수 있다. 국내에서는 KS 1001: 2013에 따라 소지와 호칭, 유약으로 구분해 관리한다. 먼저, 몸체를 이루는 흙인 소지의 질에 따라 도기질Tce01, 석기질Tce02, 자기질Tce03로 구분한다. 호칭은 용도에 따라, 내장과 외장, 바닥이 있으며 그 밖에 모자이크타일이 있다. 마지막은 유약에 따라 시유Tce00-□와 무유타일Tce00-■로 나뉜다.

소지의 질은 흡수율을 기준으로 한다. KS 기준에 따르면 흡수율 3% 이하는 자기질, 5% 이하는 석기질, 18% 이하는 도기질 타일로 구분한다. 자기질 타일은 1,250℃ 이상의 고온에서 제작되며 소지가 매우 단단하고 치밀하다. 반면, 도기질 타일은 1,100℃ 이하에서 제작된 다공질이어서 두드리면 탁음을 낸다.

용도에 따라 구분한 내장과 외장, 바닥타일을 살펴보면 내장타일은 건축물 내벽에, 외장타일은 건축물 외벽에 설치되는 타일이다. 바닥타일은 실내외 바닥에 설치되는 타일로 정의한다. 건축물의 내장타일에는 자기, 석기, 도기 타일을 모두 사용할 수 있고, 외장타일과 바닥타일에는 자기와 석기 타일을 사용한다. 그 외의 타일로 모자이크타일Tce00-■은 넓이가 90㎠ 이하인 자기질 타일로 정의하고 있다.

세라믹 타일은 도자기와 동일한 구조를 가지며, 소지 위에 유리질의 유약이 코팅되어 있으면 시유타일glazed tile, 유약 없이 제작하면 무유타일unglazed tile로 정의한다. 건축용 세라믹 타일은 대부분 시유타일이며, 국내에서 제작되는 타일 또한 90% 이상이 시유타일이다.

이 외에도 세라믹 장식타일은 표면에 입체 문양이 새겨진 입체 문양 타일과 소성 후 유약 표면에 다양한 패턴을 디자인한 다소성 패턴타일이 있다. 다소성 패턴타일은 3차 소성타일로 일괄 라인에서 대량생산이 이루어지는 세라믹 타일 제품과 구분해 관리한다.

건축용 세라믹 타일의 성능

건축용 세라믹 타일은 겉모양과 성능에 따라 제품을 관리한다. 겉모양으로 허용오차와 표면의 결함을 확인한다. KS규격에 따르면 타일은 규격의 3㎜ 이내로 허용오차를 갖도록 한다. 또 결함으로 수분이 흡수되어 타일이 파손될 위험이 있어 결함이 없는 것을 원칙으로 한다.

성능면에서는 흡수율과 미끄럼 저항성을 바탕으로 평가한다. 흡수율은 소지의 분류 규격에 맞게 제작해야 한다. 미끄럼에 대한 저항성은 바닥타일에만 적용되는 기준으로, 습윤 상태에서 마찰 계수를 측정한다. 타일 표면에 바르는 유약은 흔히 디자인을 위해 사용한다고 생각하지만 심미성 외에도 여러 기능이 있다. 가령, 바닥타일의 경우 매트한 유약을 발라 미끄럼을 방지한다. 또 50분 이내에 제작하는 신속 소성 공정을 위하여 프릿frit을 사용하기도 한다. 프릿은 유약을 높은 온도에서 녹여 분말 형태로 만든 것으로, 광물형 원료에 섞어서 바르면 성분에 따라 오염을 방지하고 강도를 높이는 것도 가능하다.

타일의 현재와 문제점

과거의 주택은 화장실이 밖에 있거나 외기에 면해 있었다. 때문에 화장실이나 마루의 벽에 주로 사용된 도기 타일이 파손되는 경우가 빈번하게 발생했다. 그러나 소재와 공정 기술이 개발되고 화장실의 환풍기 설치로 창문이 사라지면서 내장 타일의 사용은 늘고 있다. 반면에 최근 세라믹 타일을 건축물의 외벽에 설치하는 사례가 급격하게 감소하고 있는데, 이는 다른 건축재와 비교하여 시공 비용이 비싸고, 내구성 면에서도 문제가 있기 때문이다. 일반적으로 건축물 외벽에 적용하는 타일은 흡수율이 1% 이하인 자기질 타일이어야 한다. 하지만 KS규정에서 자기질 타일은 3% 이하로만 규정하여 제품 관리가 제대로 이루어지지 않는다. 흡수율에 대한 기준을 보다 세분화한다면 세라믹 타일을 외장재로

최근 10여 년간 세라믹 타일 산업의 가장 큰 변화는 잉크젯 프린팅 시스템을 도입해
기존의 아날로그 생산방식을 디지털 생산방식으로 바꾼 것이다.

타일은 조명을 균등하게 반사해 시각환경을 밝게 해주고
누수, 배관, 배선을 은폐하면서 벽면의 요철을 정리할 수
있어 지하철과 터널에 사용한다.

호주 시드니의 오페라하우스. 이곳뿐만 아니라 스페인
바르셀로나의 산타 카트리나 마켓처럼 세라믹 타일을
이용해 뚜렷한 정체성과 인지도를 얻은 건축물들이 세계
곳곳에 있다.

사용할 때 시장의 신뢰성을 얻을 수 있다.

건축용 세라믹 타일의 미래

주거 공간에 사용되는 세라믹 타일은 인간에 의해 만들어진 가장 오래된 자재 중 하나로 인류 문명의 발달과 함께 수천 년 동안 발전을 거듭해왔다. 오늘날에도 세라믹 타일은 생활 밀착형 제품으로서 사회의 변화와 시장의 요구에 맞추어 다양하게 개발되고 있다.

최근 10여 년간 세라믹 타일 산업의 가장 큰 변화는 잉크젯 프린팅 시스템을 도입해 기존의 아날로그 생산방식을 디지털 생산방식으로 바꾼 것이다. 2000년대 초반 유럽에서 개발된 양산형 잉크젯 프린팅 시스템은 설비에서 분당 50m의 속도로 제품을 생산하는 수준에 도달하였다. 소재 분야 또한 1,000℃ 이상에서도 그 색과 무늬를 잃지 않고 선명하게 유지할 수 있는 나노세라믹잉크와 총천연색을 구현할 수 있는 세라믹 컬러 관리 시스템 기술이 개발되었다. 따라서 전 세계 세라믹 타일 생산 라인의 60% 이상이 잉크젯 프린팅 시스템으로 대체된 상황이고, 이에 따라 공정 중단 없이 다양한 디자인과 실사 수준의 이미지 타일 제작이 가능해졌다. 이는 기존의 생산자 중심이었던 세라믹 타일 시장이 수요자 맞춤형 타일 제작으로 소비자 중심으로 변화하고 있다는 것을 의미한다. 최근에는 원료의 혼합 공정부터 성형과 시유, 데코레이션의 모든 공정에 대한 디지털시스템화 Fully Digital Line 개발이 진행되고 있다.

그 밖에도 미래 세라믹 타일의 기술 개발 방향은 '에너지', '헬스케어', 그리고 '편안함'으로 정의할 수 있다. 건축재인 세라믹 타일에 태양전지와 압전소자[1]를 구현하여 대체에너지를 생산할 수 있으며 온도에 따라 색상이 변하는 유약 thermochromic glaze 개발을 통해 건축물의 에너지 효율을 극적으로 향상할 수 있다.

개발 중인 헬스케어 세라믹 타일로는 대표적으로 항균, 광촉매, 오염방지 타일이 있다. 기존 항균, 광촉매 세라믹 타일은 소성 이후에 표면 코팅 처리로 제작되어 공정이 추가되고 코팅층의 내구성에 문제점이 있었다. 최근에는 고온 소성 과정에서도 안정된 상태를 유지하는 항균·광촉매 유약 개발로 공정 추가 없이 내구성이 향상된 세라믹 타일이 개발되고 있다. 또한 가전제품에서 발생하는 전자파를 차폐하는 세라믹 타일 개발도 진행되고 있다. 편안함을 위하여 제작되는 세라믹 타일에는 습도 조절, 소음과 진동 차단 및 사물인터넷 IoT[2] 기능 구현을 위한 연구가 진행되고 있다. 그러나 이 같은 기능성 세라믹 타일 제품 개발은 정부의 지원과 산학연[3] 협력으로 활발하게 이루어지는 유럽, 중국 등과는 달리 국내에서는 기업의 자체 연구역량 부족과 정부의 무관심으로 거의 진행되지 않고 있다.

세라믹 타일은 건축물의 공간을 크게 차지하지 않으며, 강도가 높고 평면의 표면 구조를 갖기 때문에 다양한 기술과의 융합이 용이하다. 또한 세라믹 타일은 흙이라는 소재를 사용하고 석재나 목재 같은 자연물 질감의 제품 개발이 가능하기 때문에 자연 친화적인 건축물을 구현할 수 있다. 특히 건축용 세라믹 타일의 신제품 개발을 통한 신규시장 창출이 경제에 미치는 파급효과가 크기 때문에 앞으로 이 분야에 대한 적극적인 관심과 지원이 필요하다.

김진호
한국세라믹기술원 책임연구원

2004년 2월 KAIST 신소재공학과 박사 학위를 받고 2009년 2월까지 삼성종합기술원 책임연구원으로 있었으며 현재는 한국세라믹기술원 도자세라믹센터의 책임연구원직을 맡고 있다.

용어정리

1) 압전소자 압력을 가하면 전압이 변화하고, 반대로 전압을 가하면 팽창되거나 수축되는 성질을 가진 회로부품으로 수정이나 압전 세라믹스를 사용한다.

2) 사물인터넷 인터넷을 기반으로 모든 사물을 연결하여 사람과 사물, 사물과 사물 간의 정보를 상호 소통하는 지능형 기술 및 서비스. 키를 가지고 접근하면 자동차 문의 잠금장치가 자동으로 해제되고 키를 꽂지 않아도 시동을 걸 수 있는 '스마트키' 등 이미 일상에서 활용되고 있다.

3) 산학연 산업계와 학계의 연구 분야를 아울러 이르는 말.

Sort and Usage of Tile

타일의 종류와 쓰임:
소재로 알아보는 일곱 가지 타일

글 정신오

타일이라고 하면 화장실, 주방에서 볼 수 있는 세라믹 타일이 가장 먼저 떠오른다. 하지만 콘크리트 질감을 낸 콘크리트타일, 천연재료의 질감을 입힌 비닐타일 등 여러 종류가 있다. 다양한 타일의 종류와 쓰임에 대해 알아보자.

고운 흙을 구워 만든
세라믹 타일 Tce

세라믹 타일은 흙을 구워 만든 타일을 총칭한다. 일반적으로 '성형-건조-초벌-유약-재벌'의 다섯 단계를 거친다. 이때, 원료가 되는 흙인 소지와 굽는 횟수, 온도에 따라 크게 도기, 석기, 자기로 나뉜다. 각각의 종류마다 내구성과 사용 부위가 다르므로 필요한 타일이 무엇인지 알아야 적합한 제품을 선택할 수 있다.

도기 타일 Tce01

도기 타일은 성형을 한 다음 건조해 1차로 굽고 유약을 바른 뒤 다시 한 번 굽는다. 상대적으로 낮은 1,100℃의 온도에 구워 다른 세라믹 타일과 비교해 표면에 색이나 문양을 입히는 등 다양하게 디자인할 수 있다. 또 두께가 얇고 무게가 가벼워 시공이 쉽다. 하지만 소지에 기공이 있는 데다 흡수율이 높아 내구성이 낮고 급변하는 기후조건에 대응하기에는 절대적으로 약하기 때문에 외장재로는 금물이다. 충격을 받으면 쉽게 깨지므로 바닥에는 잘 쓰지 않고 주로 실내의 벽이나 세면대, 욕실의 마감재로 사용한다.

석기 타일 Tce02

석기 타일은 규석이나 장석같이 철분이 많은 석암점토를 원료로 사용하여 도기와 자기의 중간 온도인 1,200~1,300℃에서 한 번만 구운 세라믹 타일이다. 주로 청회색을 띠며 대표적으로 청기와가 있다. 강도가 높고 흡수율이 낮아 기후변화에 강하고 잘 오염되지 않아 외장재로 자주 쓰인다. 또 굽기 전 표면에 질감을 넣어 미끄러지는 것을 방지할 수 있으니 외부 바닥재로도 좋다.

1,100℃에서 구운 도기 타일.
200×200㎜의 타일은 Gradisca로 유로세라믹,
180×120㎜의 타일은 Kiko로 윤현상재 제품.

자기 타일 Tce03

자기 타일은 1차로 구워 성형을 하고 유약을 바른 다음 한 번 더 소성해서 만든다. 1,250℃ 이상의 고온으로 구워 도기 타일보다 견고하고 조직이 치밀하다. 또 흡수율이 1% 이하로 방수성이 좋아 물이 닿는 곳에도 사용할 수 있으며 외장재와 내장재로도 적합하다. 강도가 높아 잘 깨지지 않으니 바닥재로도 안성맞춤이다.
자기 타일은 광택에 따라 무광, 반광, 유광 등 다양한 질감이 있지만 타일시장에서는 쉽게 구분하기 위해 무광을 포세린타일, 유광을 폴리싱타일이라고 부른다.

TIP 도기와 자기 구분하기
우리가 실내에 흔히 사용하는 타일은 도기 타일과 자기 타일이다. 겉모습은 비슷하지만 몇 가지 방법만 알면 만져보는 것만으로도 쉽게 구분할 수 있다. 먼저 타일 뒷부분 접착면을 확인해보자. 도기 타일은 감촉이 부드럽고 색은 연한 분홍빛을 띤다. 자기 타일은 도기와 비교하면 면이 거칠고 흙빛이나 어두운색을 띤다. 두 번째는 타일을 두드려보는 것이다. 도기는 두드리면 탁한 소리가 나는 반면 자기는 유리를 치듯 맑은 소리가 난다.

1,250℃ 이상에서 구운 자기 타일.
300x300㎜의 청색 타일은 Finca Vigia Mix, 녹색은 Finca Verde, 육각형은 수제육각타일로 모두 윤현상재 제품.

생활 곳곳에 숨어 있는
비세라믹 타일

꼭 흙으로 만들어야만 타일인 것은 아니다. 단단한 콘크리트타일과 소음 저감에 효과적인 카펫타일, 디자인이 돋보이는 비닐타일 등 세라믹 소재가 아닌 타일도 있다. 다양한 소재의 타일과 그 쓰임을 알아보자.

콘크리트타일 Tco

콘크리트의 원료인 시멘트, 모래, 물을 사용해 특유의 질감을 살린 콘크리트 타일도 곳곳에 쓰인다. 콘크리트타일은 내구성이 좋아 실내에서는 벽, 바닥에 활용한다. 또 거푸집만 있다면 입체감이 있는 형태로 만드는 것이 가능하고, 안료를 넣어 색을 조절할 수 있다. 하지만 장기간 외부에 노출되면 습기로 인해 동결이나 백화가 일어날 수 있어 외장재로는 피하는 것이 좋다. 두꺼워서 벽이나 천장에 붙일 때는 바탕면의 구조체가 튼튼한지 확인해야 하며 전용 접착제를 사용해야 하는 등 시공에 주의가 필요하다.

카펫타일 Tca

서양에서는 카펫을 깔아 바닥의 냉기를 막았다. 면이 넓은 카펫은 세탁이 어렵고 금방 지저분해져 작은 크기로 잘라붙이기 시작한 것이 지금의 카펫타일이다. 카펫타일은 일반적으로 폴리프로필렌이나 나일론 소재를 사용하며 뒷면에 고무매트를 덧대어 미끄러지지 않고 폭신하다. 롤로 깔던 기존의 방식과 비교하면 작은 면을 교체할 수 있어 편리하지만, 내구성이 약하고 쉽게 오염되기 때문에 꾸준한 관리가 필요하다. 서양에서는 가정의 바닥재로 카펫타일을 사용하기도 하지만 맨발로 생활하는 동양에서는 주거용보다 사무실, 공공장소에 더 많이 쓰인다.

콘크리트타일은 틀만 있다면 원하는 모양으로 제작하는 것이 가능하다. (왼쪽부터 시계방향으로) geometry 01, geosha A는 디크리트 제품, Calu Mar Peixe Preto는 유로세라믹 제품, geosha B, geometry 02는 디크리트 제품.

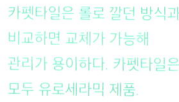

카펫타일은 롤로 깔던 방식과 비교하면 교체가 가능해 관리가 용이하다. 카펫타일은 모두 유로세라믹 제품.

비닐타일 Tvn

비닐타일은 염화비닐수지PVC 원료에 가소제와 첨가제를 넣어 단단하게 한 뒤, 안료로 패턴을 입혀 타일처럼 만든 것이다. 흔히 PVC타일, P타일, 데코타일 등으로 불리는데, 대리석이나 목재처럼 천연재료의 질감을 입히는 것도 가능해 인테리어에 다양하게 활용할 수 있다. 그중에서도 나뭇결이 새겨진 것은 가격이 저렴하고 관리가 쉬워 원목 대용으로 많이 사용된다. 또 비닐타일은 표면이 단단해 긁히거나 흠이 생길 확률이 낮다. 하지만 완충력이 떨어져 보행감이 좋지 않고 온도변화가 크거나 바닥난방으로 열이 직접 닿는 곳에 사용하면 변형이 생겨 사이가 벌어지거나 들뜰 수 있다. 가정용보다는 사무용, 상업용으로 좋다. 최근에는 소금의 염소와 천연가스의 에틸렌을 혼합한 합성수지로 만든 바닥재 비닐타일, 럭셔리비닐타일Luxury Vinyl Tile, Tvn02도 개발되었다. 럭셔리비닐타일은 염소와 천연가스의 에틸렌을 섞은 합성수지로 만들었다. 디자인은 원목, 세라믹 타일, 대리석 등으로 다양하다. 내구성이 좋아 변색이나 썩는 문제가 없어 관리하기 쉬운 것이 특징이다.

고무타일 Trb

학교나 역, 스포츠시설에서 계단에 올록볼록한 타일로 처리한 것을 쉽게 볼 수 있다. 바로 고무타일이다. 고무타일은 완충력이 우수하여 넘어지거나 부딪혔을 때 충격이 작고 소음도 적다. 계단, 복도 등 통행이 잦은 곳의 실내 바닥재나 시각장애인용 점자블록으로 좋은 마감재다. 단, 고무타일은 틈으로 물기가 들어가거나 고이면 표면에 수축과 팽창이 일어날 수 있기 때문에 꾸준히 관리해야 한다.

(왼쪽 위부터)
프라임프로페셔널 PSW-905, PBW-809,
에코레어 옴브레(Ombre), 롬플러스(LOOM+),
에코레이 세라믹타일 & 패브릭 디자인,
자연질감과 패턴의 럭셔리비닐타일 모두 녹수Nox 제품

제품 촬영 협조

유로세라믹 www.eurotile.co.kr

윤현상재 www.younhyun.com

디크리트 dcreteshop.com

녹수 www.noxglobal.com

2 Application of Tile

Variation of Tiles' Pattern
타일 패턴의 변주

글 정신오

건축재료로서 타일의 가장 큰 장점은 다양한 문양과 화려한 색감이 주는 시각적 즐거움이다. 예나 지금이나 변함없이 치장재로써 강력한 힘을 발하는 타일, 그 패턴의 다양한 표정을 담았다.

모자이크타일 Tce00-를

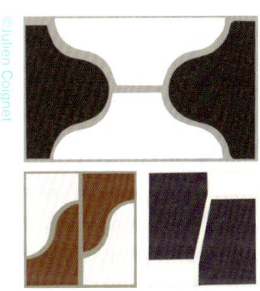

모자이크타일은 여러 장의 타일을 철망 시트로 결합한 것이다. 가공작업이 많아 낱장보다 고가지만 한 시트씩 붙이면 돼 작업이 간편하다. 하지만 1960~70년대 후반 한국에서 쓰이던 모자이크타일은 5㎝ 이하로 손가락 두 마디가 채 되지 않는 크기로, 이름처럼 작은 조각을 일일이 붙여 패턴을 만들었다. 프랑스 시각예술 작가 줄리앙 코와네Julien Coignet는 한국의 도시를 돌며 모자이크타일을 조사해 현재 남아 있는 타일을 일곱 가지 유형으로 정리했다. 사용된 낱장의 조각은 백색이나 군청색이며 드물게 갈색과 하늘색을 볼 수 있다. 간혹 낱장 자체를 사용하기도 하지만 보통은 두 조각으로 이루어진 세트를 대칭되게 배치한다. 네 조각으로 된 하나의 모듈은 일정한 패턴을 90°씩 돌려 배치해 꽃이나 바람개비, 격자 패턴을 만든다. 지역에 따라 대구는 대문 옆의 기둥에, 인천은 처마 아랫면에 사용하는 등 위치는 다르지만 건물의 입구에 부분적으로 사용하는 것은 동일하다.

그 무렵, 모자이크타일로 시공된 건물은 대부분 대도시 내의 다세대주택으로 그 당시 규모가 큰 것들이었다. 이는 과거 모자이크타일이 고급 건축에 쓰이는 재료였음을 알 수 있는 대목이다. 하지만 '마이카 시대'가 열리고 아파트의 등장과 함께 고층빌딩이 보편화되면서 사람들은 더 이상 골목에 면하는 입구를 신경 쓰지 않게 되었다. 치장 목적의 재료들은 더더욱 관심 밖으로 밀려났고 점차 수요가 줄어 더 이상 국내에서는 그 시절의 모자이크타일을 생산하지 않는다. 이제는 건물의 내외부에 다양하게 타일을 사용하는 유럽이나 기후적으로 습도가 높아 수분으로부터 건물을 보호해야 하는 대만 등에 가야 그 흔적을 찾을 수 있다.

2016년 9월에 촬영한 서울시 관악구 보라매동 주택 기둥의 모자이크타일. 현재는 철거되어 찾을 수 없다.

2016년 11월에 촬영한 인천 주택의 모자이크타일.

Application of Tile

디지털프린팅타일의 제작과정으로 CMYK의 디지털 4원색을 이용해 패턴을 인쇄한다.

수제 타일은 도판에 밑그림을 그리고 유약을 입힌 뒤 소성 과정을 거쳐 만들어진다.

디지털프린팅 타일

현재 국내 업체의 대다수는 디지털잉크젯 프린팅 시스템(이하 디지털프린팅)으로 타일을 제작한다. 초기의 타일은 민무늬로 색이나 광택 정도의 차이만 있었다. 본격적으로 패턴을 디자인하기 시작한 것은 1980년대로, 패턴을 찍어내는 실크스크린 방식이나 실리콘 실린더로 물감을 발라서 무늬를 새겼다. 하지만 이때는 사용할 수 있는 색이 한정되었고, 물감이 표면에 고르게 발리지 않아 간단한 패턴만 제작할 수 있었다. 본격적으로 타일의 디자인이 다양해진 것은 2010년도, 디지털프린팅이 도입된 이후다.

디지털프린팅은 디자인 도안을 시스템 컴퓨터에 전송하여 타일 표면에 CMYK의 디지털 4원색으로 인쇄한 후 소성[1]하는 방식이다. 소성 작업을 제외하면 일반 사무용 잉크젯 프린팅과 동일하다. 디지털프린팅은 도안만 있다면 어떠한 패턴도 만들 수 있다. 다른 패턴으로 교체하는 것 역시 용이하다. 또 공정중단 없이 연속적으로 제작해 대량생산이 가능하며 단가도 낮아졌다. 다양한 디자인을 제작할 수 있으니 수요자의 요구사항을 반영할 수 있는 것이 특징이다. 기하학적 패턴 외에도 돌이나 콘크리트의 질감을 인쇄하기도 한다. 최근에는 사진을 인쇄해 벽에 사용하는 아트월용 타일을 제작하는 소규모 공방도 등장했다.

향후 디지털프린팅은 건조에서 소성까지 전체 생산 라인에 대한 디지털 시스템 개발의 모습을 갖출 예정이며 친환경에 초점을 두어 수계 세라믹-유리잉크에 대한 시스템도 연구 중이다.

(왼쪽부터)
핸드메이드 육각타일과 꽃타일.
모두 윤현상재 제품.

수제 타일

수제 타일은 도판에 밑그림을 그리고 유약을 입힌 뒤 원하는 색이 나도록 여러 차례 구워서 만든다. 공장에서 제작할 때보다 더 높은 온도로 여러 차례 소성하니 강도가 높은 것은 물론, 원하는 색과 형태로 만들 수 있다.

같은 요리라도 손맛에 따라 느낌이 천차만별로 달라지듯 수제 타일 역시 산업제품과 비교해 모양과 색이 다양하다. 빈티지나 현대적 분위기 등 취향에 맞게 디자인하고 제작할 수 있어 최근 수제 타일을 찾는 이들이 늘고있다. 또 입체적인 표현도 할 수 있으니 앞으로의 가능성이 기대된다. 일부 매장에서는 해외에서 제작된 독특한 형태의 제품을 수입하기도 하고, 수채화 느낌이 나는 타일을 판매하며, 소규모 주문을 받아 제작하기도 한다.

하지만 현재 국내에는 타일을 전문으로 제작하는 곳이 많지 않다. 원료인 소지가 표준화되어 있지 않아 작업이 복잡한 데다 오랜 연구 끝에 시장에 출시해도 곧바로 저렴한 모조품이 출시되기 때문이다. 수익이 나도 대부분은 유통 비용으로 빠진다. 결국 제작자가 직접 판매하는 방법뿐이지만 유통시장에 뛰어드는 것이 쉽지 않으니 점점 수제 타일을 만드는 곳이 줄어들고 있다.

용어정리
1) 소성(燒成) 조합된 원료를 가열하여 경화성물질을 만드는 조작.

엔커스틱타일 Tcm02

패턴이 화려하지만 프린팅 제품보다 표면이 거칠고 두께가 두껍다면 엔커스틱타일이다. 엔커스틱encaustic은 고대 그리스인들이 건물의 벽을 장식할 때 대리석 조각을 밀납한 데서 유래된 단어로, '색을 구워 넣는 방식'이라는 뜻이다. 엔커스틱타일은 대칭이거나 곡선의 율동적인 무늬가 많다. 낱장으로 포인트를 주기도 하지만 여러 개를 대칭되게 배치하면 벽과 바닥에 기하학적인 패턴을 넣을 수 있다. 각기 다른 패턴을 조합하여 색다른 분위기를 연출할 수도 있어 카페나 레스토랑의 실내 마감재로 인기다.

　　엔커스틱타일은 성형한 뒤 패턴을 넣는 기존의 세라믹 제품들과는 다르게 문양이 새겨진 사각틀 안에 재료를 채워 형태와 패턴을 한번에 만든다. 먼저 원하는 모양으로 타일 패턴을 디자인하고 그에 맞게 철제 틀을 짠 뒤 대리석가루와 안료를 섞고 틀 안에 붓는다. 물감을 채웠다면 영역이 섞이지 않게 틀을 조심히 들어 올린 다음 뒷면에 시멘트가루를 덮어 접착면을 만들고 고압을 가한다. 틀에 일일이 물감을 넣어서 제작하기 때문에 디지털프린팅 방식에 비해 생산량이 적고 값이 비싸다. 하지만 내구성이 우수하다. 프린팅의 경우 직사광선에 오랜 시간 노출되면 바래기도 하고 오염을 닦아내다가 표면이 벗겨지기도 한다. 하지만 엔커스틱타일은 두께가 16㎜ 안팎으로 일반 타일의 1.5~2배가량이어서 오염된 부분을 사포나 수세미로 문지르면 내부에 채워진 색이 표면으로 올라와 오랜 시간 깨끗하게 사용할 수 있다. 단, 수분을 흡수해서 얼룩이 질 수 있기 때문에 시공 전 표면에 발수코팅제를 발라야 한다. 또 줄눈을 최대한 얇게 시공해야 깔끔하면서 패턴감이 돋보이게 완성할 수 있다.

엔커스틱 타일은 혼합한 대리석가루와 안료를 패턴에 맞춰 제작한 틀에 붓고 압력을 가해서 굳힌다. 국내에서는 제작하는 업체가 없어 스페인과 인도네시아에서 수입한다.

Application of Tile

Reportage 1

국내 타일 제작의 역사를 만들다
(주)삼현 신용덕 전무

인터뷰 심영규

손으로 빚고 유약을 발라 굽던 타일이 공장생산을 통해 빠른 시간 내에 대량으로 생산할 수 있게 됐다. 국내시장의 타일 제작 과정과 인쇄 방식의 변천사를 알아본다.

㈜삼현은 1971년 붉은 기와 제품으로 시작해 1987년부터 31년간 타일을 생산한 국내의 대표적인 타일제조 업체다. 원자재인 흙을 균일하게 갈아서 섞는 제토설비를 1994년 구축했고, 2000년대 로토roto 컬러를 이용한 롤프린팅 시스템을 도입하였다. 2011년에는 디지털프린팅을 국내 최초로 상용화해 타일에 새로운 색을 입혔다. 지난 11월 충북 음성군 생극면에 있는 공장에서 신용덕 전무를 만나 흙의 가공과 프린팅, 재활용까지 타일의 생애에 대해 들었다.

감씨(감) 타일 업체 중 국내 매출 2위로, 31년의 역사를 가진 기업이다. 하루에 생산되는 타일은 얼마나 되며, 주로 어떤 제품을 취급하는가?

신용덕(신) 하루 약 7,500상자로 10,500㎡, 연간 22만 상자를 생산한다. 이전에는 일부 주문을 받아 바닥에 쓰는 자기 타일Tce03도 생산했지만 현재는 벽체용 도기 타일Tce01 위주로 만든다. 그중에서도 광택이 있는 제품이 전체 50~60%를 차지한다.

감 타일은 벽돌과 마찬가지로 흙을 구워서 만든다. 타일로 제작하기 좋은 흙은 어떤 것인가?

신 자기 타일은 점토와 장석, 도석이 주원료다. 점토는 결합체로 굽기 전, 건조하고, 기계로 압력을 가하는 과정을 통해 타일이 깨지는 것을 막는다. 장석은 굽는 과정에서 용융물을 형성해 원료를 서로 결합한다.

과거 삼현에서는 흡수율이 0.5% 미만인 자기 타일을 생산하기 위해 색이 밝고 순도가 높은 것을 사용했다. 하지만 국내에서는 적합한 재료가 없어 우크라이나에서 밝은 장석을 수입해서 썼다. 마지막으로 도석은 내화를 위한 성분을 모두 갖고 있다.

이렇게 모은 흙은 제토설비를 이용해 분쇄하여 타일의 원료인 소지가 된다. 이렇게 모은 흙은 제토 설비를 이용해 분쇄하여 타일의 원료인 소지가 된다. 제토 설비에는 MTCMulino a Tambro Continuo라는 연속식과 MTDMulino a Tambro라는 배치식이 있다. 두 방식 모두 시간당 생산량은 같다. 하지만 연속식은 공간을 덜 차지하고 자동화되어 있어 작업량이 적다. 분쇄량이 정해진 배치식과는 달리 시간당 생산량을 조절할 수 있고 24시간 사용이 가능하니 더 많은 양을 생산할 수도 있다. 또 MTC를 가동하면서 원자재와 물, 재료를 뭉치지 않게 분리해주는 해교제를 넣어 슬러리slurry 가루를 만드는데, 연속식의 경우 설비를 가동하는 과정에서 자체 점도가 생겨 수분을 3~5% 적게 사용해도 된다. 또 배치식과 비교했을 때, 슬러리의 온도가 높아 건조 과정에서 쓰이는 에너지를 10~15% 절약할 수 있는 장점도 있다. 현재는 주문량에 따라 두 방식을 혼용하고 있다.

충북 음성군 생극면에 위치한 ㈜삼현 공장 전경. 연간 22만 상자를 생산한다.

Application of Tile

타일 생산공장 내부. 주로 도기 타일을 취급하며 하루 약 10,500㎡의 타일을 생산한다.

타일 생산공장의 외부. 완제품은 상자에 포장한 후 팔레트 위에 쌓아서 보관해 습기로 파손되지 않도록 한다.

감 타일은 어떤 공정으로 만들어지나?
신 곱게 분쇄된 흙을 어떤 타일을 만드는지에 따라 다른 과정을 거친다. 먼저 자기 타일은 1차로 구워 성형을 하고 남은 6%의 수분을 제거하여 단단히 한 상태에서 유약을 바르고 패턴을 인쇄한다. 실온의 알칼리액에 타일을 담가둔 뒤 2차로 구워 유약과 프린트를 결합한다.
도기 타일은 자기와는 달리 성형을 한 다음 건조해 1차로 굽는다. 이것을 '비스킷'이라고 한다. 비스킷 위에 유약을 바르고 패턴을 인쇄한 뒤 2차로 구우면 도기 타일이 된다. 이 과정에서 불량제품은 다시 분쇄해 원료로 사용하기도 한다.

감 타일을 제작하면서 가장 중요하게 생각하는 것은 무엇인가?
신 여러 가지가 있지만, 첫 번째는 치수다. KS규격상으로는 허용오차를 6mm 미만으로 규정하며 그 안에서 등급을 나누어 3mm 미만을 최상품으로 친다. 하지만 편차가 3mm 미만인 경우도 시공상 문제가 생길 수가 있어 우리는 1.5mm 이하가 되도록 제작하고 있다. 이 외에도 강도와 흡수율을 검사한다. 특히 바닥타일의 경우 사람이 직접 하중을 가하기 때문에 100N/cm의 하중을 버텨야 한다. 삼현에서는 그보다 30~50% 높은 강도를 갖도록 관리한다. 흡수율 역시 바닥타일의 경우 3% 미만으로 규정하지만 공장에서는 1~2%가 되도록 제작한다. 생산된 제품은 우수한 품질을 유지하기 위해 매일 테스트를 거치며 매년 KS사후 인증을 받고 있다.

감 2011년 국내 최초로 디지털프린팅 설비를 도입하였다. 디지털프린팅과 기존 방식의 차이점은 무엇인가?
신 과거엔 소품종 대량생산이었다면 디지털프린팅을 하면서 다품종 소량생산이 가능해졌다. 1980년대 초반엔 1세대로 볼 수 있는 민무늬에 단순한 색이나 광택 등에 차이를 둔 타일을 제작했다. 2세대인 1980년대 중반부터 1990년대까지는 실크스크린 방식으로 단순한 무늬를 만들기 시작했다. 3세대에는 이탈리아 설비 모델을 들여와 롤프린트 방식의 로토컬러를 사용하였다. 당시 이탈리아에서도 상용화되지 않은 상태에서 도입해 처음에 많은 어려움이 있었다. 이는 실리콘 드럼에 레이저로 무늬를 새겨 인쇄하는 방식으로 2000년대 이후까지 사용되었다. 하지만 타일의 바탕이 되는 소재, 마모 정도에 따라 번지거나 안 묻는 부위가 생긴다. 그래서 2011년 국내에서 최초로 디지털프린팅 설비를 도입했다. 디지털프린팅은 네 가지 색을 이용해 타일에 균일하게 인쇄하는 것으로 일반 레이저 프린터를 생각하면 이해하기 쉽다. 이미지를 업로드하면 원하는 디자인으로 인쇄할 수 있고 타일면에 균일하게 나온다. 이렇게 디자인에 많은 신경을 쓰고 있다. 또한 매년 전시회나 박람회에 참여해 트렌드를 발빠르게 파악하고 이를 제품에 적극적으로 반영하고 있다.

감 타일의 용도가 외장재에서 내장재로 변하면서 타일시장에도 변화가 있을 것 같다.
신 1980년대에는 국내에 타일 공장이 20여 개가 있었지만 현재는 10여 곳뿐이다. 그중 동서는 욕실브랜드 이누스inus, 한보요업은 바닥브랜드 대보, 삼현은 대형 타일 브랜드 한길과 같이 계열사를 갖고 있는데 이런 곳 외에는 생산만 하는 공장 수준이다. 그러나 전체적으로 타일의 수요는 늘었고 생산량도 2배 이상이다. 동시에 수입하는 타일도 늘었다. 한때, 스페인과 이탈리아에서 수입한 고가의 제품이 많이 쓰였다면, 현재는 중국 타일의 점유율이 높다. 특히 유통망의 대부분을 중국의 저가 타일이 차지하고 있다. 그렇기 때문에 유통에 치중하면 납품을 못하는 경우가 발생한다. 현재 삼현은 직납과 유통을 함께 두어 직납하는 곳은 직접 관리하고, 유통하는 곳은 주문에 맞게 일정을 관리해 물량을 맞춘다.

감 향후 타일의 동향을 어떻게 예측하는가?
신 국내에서는 아직 큰 주목을 받지 못하고 있지만, 3mm 대형 박판타일을 연구하고 있다. 3~4mm의 박판타일을 넓게 제작한다면 벽이나 테이블 등 다양한 곳에 활용할 수 있다. 또 대형으로 10mm, 30mm의 두꺼운 타일이 나온다면 주방의 식탁이나 대리석처럼 다양하게 활용할 수 있다. 머지않아 다양한 두께의 대형 타일을 제작하는 공장이 나올 것이다.

정리 정신오

도기 타일 제작 과정

형체가 없는 흙이 반짝이고 단단한 타일로 되기까지는 많은 과정을 거쳐야 한다. 좋은 흙을 모으고 구워서 포장하기까지, 그 긴 여정을 함께 따라가본다.

❶ 원료

타일을 제작하기 위해 각지에서 흙을 모은다. 크게 점토와 장석, 도석 세 종류로 원산지가 다른 여덟 가지의 흙이 사용된다. 품질 기준을 충족하지 못한 타일 역시 파쇄해 원료로 사용한다.

❷ 제토

흙은 제토 설비로 분쇄해 원료인 소지를 만든다. 제토 설비는 운영 방식에 따라 연속식과 배치식이 있다. 연속해서 가동해 자동으로 분쇄된 원료를 배출하고 필요량을 채워 넣는 것을 연속식, 한 통에 원료를 넣고 일정 시간 동안 가공하는 것을 배치식이라고 한다. 제토를 마친 소지는 슬러리 상태로 지하에 보관한다.

❸ 성형

컨베이어로 지하 배처플랜트의 소지를 공장으로 운반한다. 고온고압의 성형기를 통과하며 소지가 단단히 결합하도록 한다. 이 과정을 통해 타일의 모양을 갖추며 성형기에 고정된 금형에 따라 형태와 크기를 다르게 할 수 있다.

❹ 1차 소성

성형을 한 타일은 건조 과정을 마친 뒤 800~1,000℃의 온도에서 가마에 1차로 굽는다. 이렇게 1차로 소성된 것을 '비스킷'이라고 한다. 온도가 이보다 낮으면 소성이 이루어지지 않아 성형품의 강도와 내구성이 떨어지고 불량품이 발생할 가능성이 높다.

❺ 유약

비스킷 위에 유약을 바른다.
건축용 세라믹 타일은 대부분 시유 타일Tce00-묘이며, 국내에서 제작되는 타일의 90% 이상이 시유 타일이다. 이곳에서 생산되는 도기 타일은 유광 제품이 전체 50~60%를 차지한다.

❻ 프린팅과 2차 소성

디지털로 작업된 도안을 프린팅 기계에 입력한 뒤 패턴을 인쇄한다. 패턴은 1시간에 여섯 가지 정도 인쇄할 수 있다.
프린팅을 마친 타일은 1,100℃ 이하에서 2차로 소성한다.

❼ 품질검사

완제품 타일은 품질기를 거치며 외관 불량 유무, 규격에 따라 불량품을 선별한다. 국내에서는 제품규격의 허용오차를 3mm로 규정하는데 삼현에서는 제품의 허용오차가 1.5mm가 되도록 하며 매일 테스트를 통해 품질을 유지한다.

❽ 포장

품질검사를 마친 타일은 상자로 포장한다. 한 상자에 들어가는 타일의 수량은 크기에 따라 차이가 있지만, 일반적으로 한 상자당 1.5㎡ 정도다. 포장된 타일은 습기에 노출되지 않도록 팔레트 위에 쌓아 보관한다.

Application of Tile

Reportage 2

건축, 불로 그린 그림을 입다
도예가 신상호

인터뷰 정신오

최근 타일은 기성품보다는 원하는 색과 모양을 도예가에게 의뢰해 공간에 개성을 주려는 경우가 늘고 있다. 직접 타일을 제작해 건물에 그림을 입히는 도예가 신상호를 만났다.

도예가 신상호는 클레이아크 김해 미술관의 초대 관장을 역임했고 한국 도예의 선구자로 여러 전시, 행사를 기획해 대중에게 건축도자의 아름다움을 알렸다. 이후 2008년 금호아시아나 사옥의 입면, 서초동 삼성전자 사옥 내부를 디자인, 시공했다. 2018년에는 양주시립장욱진미술관의 매표소 돔의 천장부를 타일로 디자인하기도 했다. 양주 부곡리에 위치한 스튜디오에서 그에게 건축도자 작업과 수제타일의 가능성에 대해 물었다.

감씨(감) 건축도자로 많은 작업을 진행했다. 그중에서도 관장으로 있었던 클레이아크 김해미술관(2006)은 외관에 쓰인 타일을 직접 디자인하고 시공했다. 클레이아크 김해미술관의 작업을 소개해 달라.

신상호(신) 이미 건물의 형태가 나온 상태에서 진행된 프로젝트였다. 건축주와 미술관의 방향, 건물의 마무리에 대해 대화를 나누면서 '에너지', '힘'의 근원에 영감을 받았다. 이에 가운데를 중심으로 사각형이 확산되는 패턴의 타일을 디자인해 건물 외관을 마감했다. 약 3,000여 장의 타일을 사용했는데, 모두 수작업으로 제작한 것으로 똑같아 보이지만 각각 다른 색과 패턴을 띠고 있다. 미술관은 2005년에 완공하고 2006년 개관해 지금까지 처음 모습을 유지하고 있다. 작품을 건물 외장재로 사용한 것은 처음이었기에 나에게도 의미 있는 작업이었다.

감 첫 시도였기에 많은 어려움이 있었을 것 같다. 어떤 부분을 가장 고민했나?

신 예나 지금이나 고민한 것은 타일의 시공이다. 타일은 5,000년의 역사를 갖고 있는 재료로, 국내에서 타일을 사용한 지는 1,000년쯤 되었다. 그럼에도 현재 주로 쓰이는 곳을 보면 주방이나 화장실이다. 나는 유럽의 여러 박물관과 수제 타일 가게를 방문하며 오랜 역사를 품은 재료임에도 크게 발전하지 못한 이유에 대해 생각해보았다. 그 답은 탈부착이었다. 타일을 붙이기는 쉽지만 보수하려면 깨야 하는 단점이 있다. 그래서 어떻게 고정해야 쉽게 관리할 수 있을지 고민하고 새로운 시공 방식을 개발했다. 클레이아크 김해미술관은 이를 적용한 첫 사례다. 이후 서초동 삼성전자 사옥의 내부(2008), 금호아시아나(2008) 프로젝트에서 타일을 건축자재로써 좀 더 다양하게 활용할 수 있었다.

감 새로운 시공 방식이란 어떤 것인가?

신 타일을 사용하는 사람들이 가장 많이 하는 실수는 접착제를 너무 믿는 것이다. 최근 고성능의 접착제가 많이 개발되었지만, 우리나라처럼 기후변화가 뚜렷한 곳에서는 기온이 급변함에 따라 타일이 떨어질 수 있다. 또 고층빌딩의 경우 접착제로 붙이는 것이 비효율적이다. 그래서 고안한 것이 걸거나 끼워서 미는 방식이다. 건물 입면에 철제의 틀을 짠 뒤 특수 실리콘으로 타일

Application of Tile

클레이아크 김해미술관(2006)은 일일이 손으로 제작해 패턴이 각기 다른 타일 3,000여장으로 외부를 장식했다.

광화문 금호아시아나 사옥(2008) 후면. 수제 타일을 이용해 4층 높이까지 외부를 마감했다.

뒤에 알루미늄판을 접착해 판 자체를 걸어서 고정하면 타일을 보수할 때 판만 떼서 교체할 수 있다. 미는 방식은 슬라이딩 퍼즐을 생각하면 된다. 거는 방식으로 고정한 타일을 밀면 틀을 따라 원하는 곳으로 옮길 수 있다.
클레이아크 김해미술관은 두 방식을 혼용했고 세 곳에 잠금장치를 두어 타일이 빠지거나 도난되는 사태를 예방하였다. 물론 잠금장치를 풀면 밀어서 떼낼 수 있다. 떼어낸 타일은 겹쳐서 상자에 담으면 되 보관과 운반도 쉽다. 이런 방식이라면 사람이 옷을 갈아입듯 건물의 입면을 바꾸는 것도 가능하다. 그런 집들이 모여 있는 마을이라면 그 자체로 미술관이 될 수도 있다. 기존의 건축재료로는 시도할 수 없는, 타일이기에 가능한 방법이다. 타일의 새로운 시공 방식이 건축에 적용되면 큰 시너지 효과를 만들 것이다.

감 디자인에서 시공까지 어떤 과정으로 진행되는지 궁금하다.
신 건물 위치와 용도가 정해지면 그에 맞는 콘셉트를 잡고 건축가와 협의해 디자인한다. 디자인 협의가 끝난 다음 실측해서 도면을 그린 뒤 제작에 들어간다. 제작된 타일은 크기에 맞추어 깎고 다듬은 후에 벽에 고정한다. 초반에는 이런 방식으로 시공한 사례가 없어 반대하는 사람이 많았다. 금호아시아나 사옥의 후면을 작업할 때도 건축사사무소와 충돌했다. 원래는 사옥의 전면이 타일로 시공될 예정이었지만, 건축사사무소 측에서는 안전과 성능이 확실치 않다는 이유로 시도를 거절했다. 결국 4층 높이까지 타협하고 나머지 면을 미디어 파사드로 대체했다. 시공에 많은 어려움이 있었지만, 완공 후에는 드라마나 CF에 노출되면서 상을 받았다. 몇 차례 경험하고 나니 이제는 제작에서 시공까지 능숙하게 작업할 수 있다. 아쉽게도 국내에는 이와 같은 방식으로 시공할 수 있는 업체가 없다. 현재는 여러 차례의 경험으로 숙달된 공방 직원과 함께 제작에서 시공까지 직접 하고 있다.

감 시공 방법이 간편해진다면 건축에서 타일을 더 잘 활용할 수 있을 것 같다. 하지만 많은 건축가가 도예가가 디자인한 타일을 사용하고 싶어도 마땅한 곳을 찾기 힘들다.
신 런던이나 파리에는 타일을 제작해서 판매하는 회사와 매장이 많다. 하지만 국내에서는 도예가가 간헐적으로 의뢰를 받아 제작할 뿐 아직 전문적으로 생산하는 공방은 없다. 제작했다 하더라도 성능을 장담할 수 없다. 수제 타일은 일일이 수작업을 거치는 동시에 작가의 생각이 담겨 있어 대량생산된 제품보다 비싸다. 하지만 건축주는 타일이라는 재료에 투자하는 것을 아깝게 생각한다. 그러니 상대적으로 가격이 낮은 공업제품을 찾기 때문에 한계에 갇힐 수밖에 없다. 건축가

Application of Tile

신상호 도예가의 'Armchair'. 의자의 쿠션부를 타일로 대신해 철과 타일만 이용한 도자가구를 선보인다.

신상호 스튜디오 작업실 내부. 완성된 도자와 작업 중인 타일을 볼 수 있다.

역시 타일이 건축재료임에도 익숙하지 않아 시도하는 것을 꺼린다.

감 건축재료로써 타일의 매력은 무엇인가?
신 나는 타일을 구운 그림, 'fired painting'이라고 부른다. 손으로 두드려서 흙을 다듬고 불에 구우면서 색을 내는 것이 하나의 그림처럼 매력적이기 때문이다. 특히나 염색약이 흐르듯 색이 퍼지는 표현은 프린팅으로는 따라할 수 없는 '손맛'이다. 고려청자가 오랜 세월이 지나도 한결같은 색을 내듯 수제 타일 역시 바래지 않으며 빛의 방향에 따라 다른 느낌을 주니 질리지 않고 오래 볼 수 있다.
또 형태를 자유자재로 만들 수 있어 활용도까지 다양하다. 타일이라고 하면 흔히 벽이나 바닥에 붙이는 마감재로 생각하지만, 작게는 문 손잡이의 장식, 의자나 테이블과 같은 가구의 덮개로 활용하는 것도 가능하다. 실제로 과거 영국 선박에서 사용하던 창문에 타일을 붙여 테이블을 만들기도 했다. 이렇듯 흙으로 형태를 만드니 타일의 가능성은 무한하다.

감 앞으로 건축도자 예술이 보편화되기 위해서는 어떤 것들이 개선되어야 하겠나?
신 타일의 제작과 시공이 체계화된 시설이 있으면 좋겠다. 대량생산이 가능하다면 가격이 내려갈 것이고 산업화된 제품 역시 그 영향을 받아 더 발전할 것이다. 건축가 역시 다양성을 추구하고 새로운 변화를 시도하면 좋겠다. 앞으로 타일을 사용하는 사람들이 늘어나면 건축이 훨씬 더 다양하고 단단해질 것이다.

취재협조
신상호 스튜디오 www.sanghoshin.com

Application of Tile

산미구엘 광장 수제 타일 제작, 시공 과정

경사가 심해 노인이나 장애인의 접근이 불가능하고 오랫동안 불법주차구역으로 사용되던 산미구엘 광장Plaza de San Miguel이 공모전 '10 + 4 URBAN'을 통해 새단장했다. 이는 스페인 중부, 텔라베라 데 라 레이나Talavera de la Reina에서 진행된 프로젝트로, 지역 특산품인 세라믹을 이용해 공공공간을 재활성화하기 위해 기획되었다. 당선자 OOIIO Architecture는 전통 도자기의 색과 패턴을 닮은 수제 타일로 건물 외벽을 마감했다. 원색의 타일 조각들로 버려졌던 회색 건물을 화사하게 단장하고 침체됐던 광장에 생기를 불어넣었다. 산미구엘 광장의 타일 제작, 시공 과정을 살펴본다.

글 정신오

산미구엘 광장과 마주하는 회색의 벽에 지역의
전통 도자기 패턴의 타일을 담았다.

① 외벽의 도안을 그린다. 이 때, 도안은 타일의 크기가 대략적으로 표시된 모눈종이 위에 그려 각 타일에 어떤 그림을 그려야 할지 예측되도록 한다.

② 산미구엘 광장에 사용된 타일은 200×200㎜의 타일로, 표면에 유약으로 표면이 유약처리된 것이다. 준비된 타일은 도안에 맞게 분류한 뒤 접착면에 순서를 적어 분류해놓는다.

③ 분류한 타일을 순서대로 배치하고 사전에 준비된 도안을 바탕으로 타일에 밑그림을 그린다. 산미구엘 광장에 사용된 타일은 지역도예가, 산토스 티모네다Santos Timoneda가 직접 작업 하였다.

④ 밑그림이 완성되었다면 광택이 있는 유약을 이용해 색을 칠한다. OOIIO Architecture는 사전에 선명한 색을 내기 위하여 탄성력과 흡수율, 파괴하중, 충격저항력에 대한 시험을 거쳐 외부에 사용해도 쉽게 깨지지 않도록 했다.

⑤ 위치별로 구분된 타일은 순서에 맞게 가마에 넣고 굽는다.

⑥ 소성한 타일을 평평한 면에 펼쳐 색과 그림, 제품의 하자를 점검한다. 이상이 없는 타일은 접착면에 적은 구역별 번호순으로 타일을 분류한 뒤 상자에 담아 현장으로 운반한다.

⑦ 운반과정에서 파손된 타일이 없는지 현장에서 다시 한 번 확인한다. 점검이 끝난 타일은 작업 순서에 맞게 분배한다.

⑧ 시공할 면적만큼 바탕면에 접착제를 바른다. OOIIO Architecture는 "높은 곳에 시공하기 위하여 타일과 시공자를 크레인으로 운반해 작업해야 하는 것이 가장 힘들었다"고 말한다.

⑨ 스페인 중부, 텔라베라 데 라 레이나Talavera de la Reina의 산미구엘 광장 완성모습. 수작업으로 제작된 타일 6,400여장이 사용되었다.

취재협조
OOIIO Architecture www.ooiio.com

Application of Tile

Trend of Tile

일상에 스며든 타일 글 정신오

패턴과 질감을 통해 색다른 분위기를 연출하며 공간에 개성을 주는 타일. 욕실과 주방에서 벗어나 건물 곳곳에 타일을 적용한 다섯 공간을 둘러보며 타일의 다양한 활용도를 경험해보자.

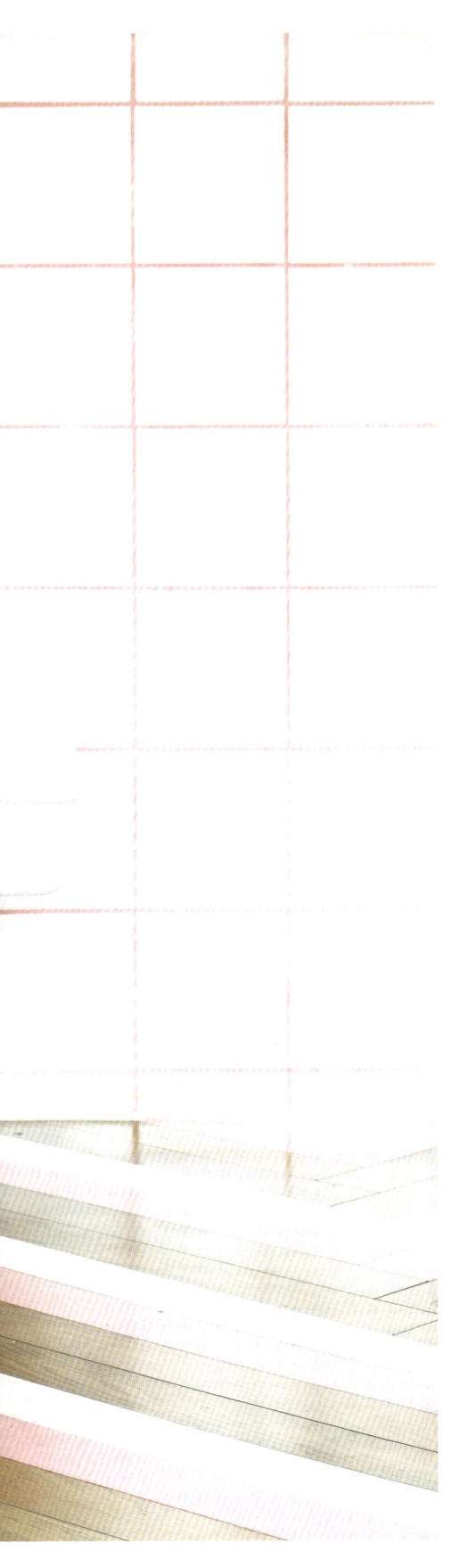

Case 1

모눈종이와 같은
순백색의 아름다움

어라운드

콘크리트와 유리의 건물 사이로 모눈종이처럼 온 면을 백색 타일로 덮은 삼각형의 건물이 눈에 띈다. 도시 틈새에 타일을 선택한 건축가 푸하하하프렌즈의 이야기를 들어본다.

철도길 옆 복잡한 주거단지에 든든한 배경이 되다

연남동 경의중앙선 철도길 주변 빌라단지에 삼각형 건물이 들어섰다. 삶의 방식을 제안하는 라이프스타일 잡지 「어라운드Around」의 사옥이다. 「어라운드」가 브랜드의 특징을 살려 사람들의 일상이 담긴 주거단지에 둥지를 튼 것이다. 백색의 건물은 경의중앙선이 관통하는 복잡한 주거단지에 눈에 띄는 배경이 된다. 어라운드는 95×45㎜의 작은 백색 타일로 입면을 마감했다. 격자 줄눈을 잘게 배치한 입면은 마치 모눈종이처럼 느껴진다. "많은 사람이 쉽게 받아들일 수 있었으면 했습니다. 모두에게 친근하고 익숙한 재료를 찾던 중 타일을 생각하게 되었어요. '아, 그 타일 건물?'처럼 말이에요."

푸하하하프렌즈는 상업과 업무, 주거를 6개의 층에 차곡차곡 쌓았다. 삼각형의 공간은 두 층마다 볼륨을 북쪽으로 1.2m씩 옮겨 남측의 일사량을 극대화하였다. 또 외부 정원은 별도의 담을 만들지 않아 동네 사람들이 길을 걷다가 쉽게 드나들면서 쉴 수 있도록 했다.

푸하하하프렌즈

푸하하하프렌즈는 윤한진, 한승재, 한양규 3명으로 구성된 건축사사무소다. 올해로 독립 5년차인 이들은 건축의 범위를 사회 전반으로 확대하는 실험을 한다. 첫 프로젝트 흙담으로 김해건축대상제에서 대상을 수상했고, 이후 옹느세자매(2015), 수르기(2015), 스타필드 하남의 에이랜드(2016) 등 여러 상업시설을 통해 다양한 시도와 건축가의 독특한 발상을 보여준다.

타일 입면에 기술을 더하다

푸하하하프렌즈는 제품을 선택할 때 안전성과 유지관리가 편한 것을 중점적으로 고려했다. 외장재로 사용했을 때 지진과 같은 자연재해로 인해 탈락한다면 사람이 다치지 않는 크기인지, 오염이 잘 묻지 않도록 표면처리가 되었는지를 꼼꼼히 따졌다. 하지만 문제점을 고려하니 선택의 폭이 넓지 않았다. 성능이 좋은 제품은 터널같은 토목현장에 사용되 건축용 외장재로는 주목받지 못하고 있다. 심사숙고 끝에 일본 스완타일Swan Tile사의 퓨어캐슬pure castle을 사용했다. "가까운 일본은 지진의 피해를 최소화하기 위해 타일을 오랫동안 외장재로 사용해왔습니다. 작업을 능률적으로 하기 위한 접착 방식과 표면코팅에 대한 노하우가 있지요."

어라운드사옥은 창문턱과 파라펫에 두겁을 설치해 빗물이 벽면을 타고 흐르지 않도록 했다. 이 밖에도 오랜 시간 깨끗한 입면을 유지하기 위해 "탄성이 있는 접착제와 줄눈제를 사용해 추락할 위험을 줄이고, 시간이 지나면서 색이 변하는 것에 대비해 보수용 타일을 미리 준비해두어야 한다"고 말한다.

푸하하하프렌즈는 어라운드 외에 카페 수르기와 옹느세자매 등 소규모 상업시설의 인테리어 작업에서도 내외부에 타일을 사용했다. 타일을 사용한 현장에서는 모두 습식으로 공사를 한다. 공동대표 윤한진은 "습식으로 해야 구조체와 함께 단단한 하나의 몸체가 된다"며 "흙을 구워서 만든 재료이기에 공간을 친근하게 바꿔준다"고 타일의 장점을 말한다.

도시를 가득 채운 콘크리트, 유리 건물 틈에서 타일은 건물에 개성을 주고 정겨움을 불러일으키는 재료다. 하지만 아직 국내에서는 오염된 모습에 익숙하고 시공비가 비싸다는 이유로 선뜻 사용하지 않는다. 이 배경에는 주방, 욕실 중심의 용도 제한과 생산자 중심의 엄격하지 못한 성능 규격도 한몫했다. 하지만 여러 재료가 타일화되는 시점에서 성능과 시공 방법은 끊임없이 이슈가 될 것이며 앞으로도 연구되어야 한다.

어라운드

설계	푸하하하프렌즈
위치	서울시 마포구 연남동
대지면적	99.5㎡
연면적	247.59㎡
규모	지상 5층, 지하 1층
구조	철근콘크리트조
마감	타일
완공	2017
사진	김용관

사용한 타일

제품	Pure Castle
규격	7x45x95㎜
제작사	Swan tile

Application of Tile

Case 2

얇은 조각이 만드는
볼륨의 일체성
마트료시카

논현동의 업무, 상업 시설 마트료시카는 타일과 방킬라이 목재, 콘크리트를 이용해 세련되게 마감했다. 로디자인은 여러 프로젝트에서 다양한 재료를 잘게 나누어 타일화하는 시도를 했다. 건축가 김동진에게 치장재로써 타일의 가능성에 대해 물었다.

타일, 뒤처지는 재료라는 편견을 깨다

논현동 한적한 주택가에 러시아 전통 인형을 보듯 직육면체의 볼륨들이 크기순으로 맞춰 켜켜이 쌓여 있다. 업무와 상업 시설이 한데 모인 건물, 마트료시카는 이중외피를 두어 주변 주택의 사생활을 침해하지 않도록 했다. 이중외피는 콘크리트와 방킬라이 목재, 그리고 타일로 마감되었다. "발걸음에 맞춰 움직이기라도 하듯 걷는 사람의 시점에 따라 건물이 다르게 보입니다. 마트료시카는 이중외피에 재료를 다르게 해 이를 극대화했지요." 그의 말처럼 건물을 천천히 둘러보면 보는 위치에 따라 각기 다른 모습을 하고 있다. 특히 타일은 300×100, 100×100, 50×50㎜ 세 가지 크기를 사용해 같은 소재와 색의 재료 안에서도 시각적인 재미가 느껴진다.

타일이라고 하면 1980년대에 지어진 4~5층 규모의 낡은 건물부터 떠오른다. 전성기였을 당시만 해도 값비싼 재료였지만 이제는 시대에 뒤처진다는 인식이 많다. 하지만 로디자인 도시환경건축연구소 김동진 대표의 생각은 다르다. "뒤처지는 재료라는 인식은 디자인으로 극복할 수 있습니다. 타일은 저렴하면서 작은 픽셀과 덩어리감을 동시에 줄 수 있는 흥미로운 재료예요." 가까운 일본만 해도 단정하게 정돈된 현대식 타일 건물을 쉽게 찾을 수 있다. 국내에서도 타일의 시공법과 안전문제가 많이 개선되었다. 최근에는 공장에서 여러 장의 타일을 메시로 엮어서 모자이크타일Tce00-3처럼 제작한다. 콘크리트에 비유하자면 프리캐스트 방식처럼 패널을 만들어 현장으로 운반하는 셈이다. 접착할 때는 모자이크타일처럼 시트를 붙이면 되어 시공이 간편하고, 고강도 접착제로 고정해 탈락해서 추락하는 경우도 줄었다.

Application of Tile

경제성과 효율성, 두 마리 토끼를 잡아라

그가 타일을 선택한 이유는 두 가지다. 첫 번째는 경제성이다. 설계 초반 콘크리트와 상반되는 느낌의 재료로 백색의 광택감이 있는 소재를 찾았다. 제일 먼저 떠올린 것은 화강석이나 대리석 같은 석재였다. 하지만 예산의 문제로 다른 재료를 물색했고 최종적으로 타일을 선택하게 되었다. 타일은 보통 단위면적이나 1.44㎡를 시공할 수 있는 양이 담긴 상자로 판매한다. 같은 면적이라면 석재와 비교해 훨씬 저렴하다. 두 번째는 재질감이다. 타일은 광택이 있고 표면이 매끄러워 콘크리트와 극명히 대비되는 질감을 갖고 있다. 더욱이 두께가 얇아 시공이 간편하고 다른 재료와 마감면을 맞춰서 일체감을 주기 좋다. 실제로 마트료시카는 타일 붙일 자리를 접착제 두께만큼 움푹 패이도록 모양을 잡아 콘크리트를 타설했다. 그리고 그 위에 타일을 붙여 튀어나옴 없이 균일한 마감면을 갖도록 했다. 마트료시카에 사용된 타일은 백색의 자기질 소재로 주로 화장실에 사용하는 제품이다. 물에 자주 닿는 공간에 쓰도록 제작되었으니 항상 습기에 노출된 외부에 쓰기에 적합하다. 또 흡수율이 우수해 물청소로 처음의 광택감을 오래 유지할 수 있다.

Application of Tile

논현 ID병원. 재료를 얇게 켜 타일처럼 사용하였다.

재료의 단순화로
타일의 가능성을 예측하다

그 밖에도 로디자인의 여러 작업에서 타일을 찾을 수 있다. 알렉스 네스트라는 16㎡ 규모의 작은 바는 비사자라는 타일로 한 벽을 마감했다. 비사자는 어른 손톱 크기 정도의 작은 정사각형 타일로, 2003년 국내에 수입되기 시작했다. 김동진은 이 작은 조각을 조합해 벽을 채우고 자체의 광택이 빛을 반사하도록 조명을 배치해 독특한 분위기를 연출했다. 그는 "작은 픽셀이 모여 하나의 이미지를 만드는 것이 타일의 매력"이라고 말한다. 미스터피자 인테리어 역시 세 가지 다른 크기의 타일을 사용해 동일한 소재로 공간에 개성을 준 프로젝트다.

    기성품 외에도 원재료를 가공해 타일처럼 사용하기도 한다. "지금은 없어졌지만 18년 전, 인사동 갤러리는 경주에서 구운 얇은 벽돌로 외관을 마감했습니다. 당시에는 벽돌을 구조체로 썼기 때문에 조적 방식으로만 시공했는데 기존보다 얇은 두께로 제작해 타일처럼 붙이니 색다른 느낌이었어요." 논현 ID병원 또한 원재료를 가공해 치장재처럼 사용한 프로젝트다. 이 같은 재료의 활용은 최근 단열재가 발달하면서 많이 보이고 있다. 가령, 돌가루로 타일을 만드는가 하면 벽돌을 얇게 켜 질감을 살린 치장재로 사용하고 있다. 그는 이러한 변화 속에 디테일을 주목한다. 줄눈은 처음부터 어두운 색을 사용해 오염이 눈에 띄지 않도록 했다. 타일의 측면이 보이지 않도록 하기 위해 콘크리트를 패이도록 시공한 마트료시카 역시 섬세함이 돋보인다.

    "최근에는 좋은 단열제품이 출시되면서 벽돌처럼 단열 기능이 있는 두꺼운 재료를 얇게 재단해 사용할 수 있게 됐습니다. 많은 재료들이 타일화 될 거예요." 앞으로 타일이 더 폭넓은 범주로 많은 재료들을 포함하며 다양하게 활용될 것을 기대해본다.

김동진
로디자인 도시환경건축연구소 대표

김동진은 홍익대학교 건축학과와 프랑스 파리-벨빌 국립건축대학에서 수학하였다. 프랑스 국가공인건축사로서 2000년부터 현재까지 ㈜로디자인 도시환경건축연구소 대표로 활동하고 있으며, 2005년부터 홍익대학교 건축공학부 건축학전공 교수로 재직 중이다.

미스터피자 내부. 세 가지 다른 크기의 타일로 마감했다.

마트료시카

설계	김동진
위치	서울시 강남구 논현동
대지면적	486.3㎡
연면적	1,535.03㎡
규모	지상 4층, 지하 3층
구조	철근콘크리트
마감	노출콘크리트, 자기질 타일, 창고벽돌, 방킬라이
완공	2015
사진	김용관(별도표기 외)

사용한 타일

제품	시공사 추천제품
규격	300x100㎜, 100x100㎜, 50x50㎜

Application of Tile

Case 3

재료에 담긴
100년의 세월
브라운핸즈 백제

브라운핸즈 백제는 백제병원 때의 흔적을 남기고 이가 빠진 부분을 황동 타일로 채워 옛 모습을 재현했다. 브라운핸즈 이준규 대표에게 그 시절의 모습을 간직하고자 한 타일 이야기를 들어본다.

손때 묻은 공간의
세월을 간직하다

부산시 동구 초량동에 있는 브라운핸즈 백제는 백제병원을 새로이 단장하여 재생건축의 새로운 명소로 자리 잡았다. 백제병원은 1927년에 개관한 부산 최초의 근대식 종합병원으로 100년 가까이 된 근대건축물이다. 하지만 병원으로 운영된 시간은 고작 5년뿐, 이후 치안대 사무소, 중국 영사관, 예식장과 중국집, 무도회장 등으로 쓰이며 여러 겹의 껍질이 덧대어졌다. 그리고 2016년, 1층을 카페로 꾸며 사용하며 작가들의 전시와 공연 등 문화행사를 진행하고 있다.

"이곳을 처음 방문했을 때, 오랜 시간에 걸쳐 만들어진 자연스러운 모습에 깊은 감명을 받았어요. 세월의 흔적을 바꾸기보다는 있는 그대로 보여주고 싶었죠." 브라운핸즈 이준규 대표는 손때 묻은 공간을 간직하는 방법에 대해 고민했다.

그는 여러 개의 실로 이루어진 기존 건물의 구성을 유지하고자 벽돌로 된 벽체와 구조물을 살렸다. 대신 문을 제거하고 개구부의 흔적만 보이도록 해 공간이 단절되지 않고 시선이 연결되도록 했다. 또 실과 실 사이에 2~3개의 계단으로 생기는 500㎜가량의 높이 차를 남겨 보는 곳마다 다른 경치를 즐길 수 있도록 했다. 유실된 나무문과 알루미늄 창은 붉은 갈색의 황동과 나무 같은 자연의 재료로 보수해 공간에 녹아들도록 했다.

가벽 뒤에 숨어 있던
공간 본연의 모습을 되찾다

이곳은 100년 동안 여러 용도로 쓰이며 그때마다 덧대어진 가벽이 곳곳에서 본래의 모습을 가리고 있었다. 타일 역시 가벽과 콘크리트 뒤에 숨겨져 있었다. 얇은 나무 합판을 철거하니 국내에서는 더 이상 제작하지 않는 코너 타일이며, 벽과 바닥에 일일이 손으로 절단한 흔적이 드러났다. "타일을 제작, 시공할 때 처음 이곳을 만든 사람들의 정성이 느껴졌습니다. 이를 어떻게 살리고, 다른 부분과 조화롭게 작업을 할지가 고민이었지요." 타일이 비록 지금은 시공 전문가도 적고 인건비가 비싸 천덕꾸러기 취급을 받지만 한때는 실내외를 구분하지 않고 사용했다. 한 땀, 한 땀 붙인 모습은 지금 보아도 정성이 느껴진다. 기존 타일의 모습을 복원에 가깝게 재현하고자 표면을 곱게 닦아 이물질을 제거한 뒤 파손된 부분을 그대로 살려 쌓인 시간을 경험하게 한다. 바닥에 깨진 타일은 걷다가 걸려 넘어지지 않도록 기존의 제품과 꼭 맞는 크기의 황동 타일을 주조한 뒤 빈 곳에 채워 넣어 보행의 안전을 확보하면서 디자이너로서의 독창성을 표현했다. 100년의 세월 동안 덧입혀진 시멘트 바닥에는 정과 망치를 이용해 과거 백제병원에서 사용된 육각과 사각, 팔각형의 타일 패턴을 일일이 새겨넣었다.

그는 시간은 오래 걸렸지만 사람들에게 100년 전 병원의 분위기를 전할 수 있어 만족스럽다고 말한다. "앞으로 소비자에게 자연스러움이 무엇인지, 어떻게 하면 더 친근한 공간을 만들 수 있는지 등의 생각을 하는 계기가 되었으면 합니다." 구조를 이루던 벽돌, 바닥의 타일, 과거의 패턴을 재현한 콘크리트가 곱게 늙은 백제병원과 조화를 이루며 오래된 건물이 더욱 친근하게 다가온다.

브라운핸즈

브라운핸즈는 다양한 라이프스타일을 제안하는 디자인브랜드이다. 'Brown'은 흙, 나무와 같은 자연소재와 은은하게 때 묻은 오랜 시간을, 'Hands'는 손으로 정성들여 만드는 제작과정을 의미한다. 자연소재와 제작과정을 고민하며 지속가능하고 상생할 수 있는 라이프스타일 문화를 추구한다.

브라운핸즈 백제

설계	브라운핸즈 토리코타지
위치	부산시 동구 중앙대로209번길 16
준공	2016

사용한 타일

브라운핸즈에서 직접 주조한 황동타일. 브라운핸즈 백제 건물 재료로 별도로 판매하지 않는다.

Application of Tile

Case 4

패턴이 불어넣은 활력
스페인클럽

스페인클럽은 율동적인 문양과 다채로운 색의 타일을 이용해 본토의 이국적인 매력과 열정이 넘치는 공간을 만든다. 스트락스 어쏘시에이트 박광 대표에게 화려한 패턴으로 공간에 생기를 더한 이야기를 들어본다.

스페인의 정열을 공간에 녹이다

"스페인을 사랑해서 국내에 하몽을 유통하고 레스토랑을 오픈한 건축주의 열정을 공간에 담아내고 싶었습니다." 스페인클럽은 음식을 통해 본토의 문화와 전통을 대중화하기 위해 설립된 국내 외식 브랜드다. 신사동 가로수길점을 시작으로 현재는 홍대, 이태원과 해운대, 잠실, 코엑스, 광안리까지 총 7개의 매장이 있다. 플라멩코와 투우를 연상시키는 이국적인 인테리어의 공간에서는 상그리아와 빠에야, 감바스 같은 스페인 요리를 즐길 수 있다.

실내에 들어서면 가장 먼저 눈에 띄는 것은 공간을 가득 채우는 화려한 문양이다. 스페인은 유럽 내에서도 이슬람의 영향을 많이 받은 나라다. 덕분에 덩굴의 곡선을 사용한 이슬람 특유의 아라베스크 장식을 쉽게 볼 수 있다. 스트락스는 이런 동서양적인 특징을 살리고자 패턴이 다양한 타일로 벽과 바닥을 마감했다. "패턴은 매번 신중하게 선택합니다. 매장에 사용된 제품은 보통 콘셉트를 정한 후 수입 업체를 통해 브랜드를 제안받습니다. 간혹 도예가에게 의뢰하기도 합니다."

스페인클럽은 지점마다 도시의 분위기, 소비자의 성향에 맞추어 다른 테마의 공간을 선보인다. 바다를 마주하는 해운대점은 입구면에 접이식 문을 설치했다. 날씨가 좋을 때는 문을 젖혀 해변의 카페에 온 듯 실내에서 바다를 바라볼 수 있도록 했다. 주방은 스페인의 타파스 바에서 영감을 받아 오픈키친 형식으로 만들어 테이블에서도 요리하는 모습을 볼 수 있다. 또 중앙의 바는 여러 패턴의 타일을 규칙 없이 배열해 시선을 사로잡으면서 공간의 중심이 되도록 했다. 대신 바닥은 상대적으로 단순한 무늬의 제품으로 마감해 산만할 수 있는 공간을 중화했다.

가족 단위의 손님이 많은 코엑스점은 식사를 하는 다이닝 공간과 서서 이야기를 나누며 술을 즐길 수 있는 테이블을 분리했다. 내부는 스페인 남부 그라나다 지역의 알함브라 궁전에서 영감을 받아 곡선보다는 기하학적인 패턴이 돋보이는 제품을 사용했다. 또 아치형 천장을 두어 모듈화된 공간이 유려하게 흘러가도록 하였다.

날씨가 좋은 날은 입구면의 폴딩도어를 열어 바다를 바라볼 수 있도록 했다. 사진은 스페인클럽 해운대점.

Application of Tile

스페인클럽은 조명과 설비의 노출을 최소화해 패턴 외의 다른 요소가 보이는 것을 줄였다.
사진은 스페인클럽 이태원점.

화려한 문양을 정교하게 채우다

매장마다 다른 타일을 사용했지만 모두 맞춤정장을 입은 듯 공간에 꼭 맞는다. 하지만 사실은 모든 것을 제품의 크기에 맞춰 설계했다. "화려한 타일은 자칫 잘못 사용하면 공간을 산만하게 만들 수 있습니다. 제품의 크기에 맞게 영역을 정하는 것이 중요해요." 그는 제품의 수량과 줄눈 간격을 철저하게 계산한 뒤 실의 크기와 구조를 정했다. 시공할 때는 오차를 최소화해 타일을 재단하지 않고 계획한 패턴을 살렸다. 마감재와 가구는 투박하게 도장한 목재와 석재를 사용했고 홀과 천장부는 무늬가 없는 백색 타일을 붙였다. 조명 등의 설비도 최소한으로 노출해 패턴 외의 다른 요소가 눈에 덜 띄도록 했다.

최근에는 여러 색채와 질감의 타일이 많이 등장하고 있다. 하지만 공간이 산만해지지 않을까 하는 우려에 선뜻 손이 가지 않는다. 하지만 패턴의 끝맺음을 명확하게 하고 가구나 다른 재료로 화려한 무늬를 잡아준다면 밋밋한 공간에 생기를 넣을 수 있다.

박광
스트락스 어쏘시에이트 대표

홍익대학교에서 경영을 전공하고, 이후에 인테리어 디자인을 공부했다. 여러 유명 디자인 회사에서 실무를 익히고 ㈜SAY 어쏘시에이트와 ㈜디 초콜릿 코리아의 대표를 역임하였다. 2009년 ㈜스트락스 어쏘시에이트를 설립하여 'Good design & well construction'이라는 단순한 원칙하에 인테리어 디자인은 물론 건축 및 공공디자인 등의 영역으로 범위를 확장해나가고 있다.

마감재와 가구는 목재와 석재를 써 기하학적 무늬가 산만하게 보이지 않도록 잡아주었다.
사진은 스페인클럽 롯데월드몰점.

코엑스 스페인클럽	
설계	STRAKX associates / 박광
위치	서울시 강남구 삼성동
대지면적	208㎡
규모	지상 1층
마감	무늬목, 타일, V.P 도장
사진	정동욱

해운대 스페인클럽	
설계	STRAKX associates / 박광
위치	부산시 해운대구 관광특구길20
대지면적	79.20㎡
규모	지상 1층
마감	목재패널, 타일
사진	김재윤

Application of Tile

Case 5

곡선을 따라 흐르는
분홍빛 편안함

바이딱

바이딱은 국내에서는 생산하지
않는 모서리가 둥글게 말린
타일을 사용해 의자와 바테이블을
만들었다. 디자인형태 대표
김형태의 작업 노하우를 통해
익숙한 재료에 대한 편견을 깬다.

백색 타일과 분홍 줄눈이 만드는
아기자기한 공간

만리동 한켠에 디저트 가게를 연상시키는 분홍빛의 수제 버거집, 바이딱이 있다. 미국 펍의 분위기를 연출하는 기존의 가게들과는 다르게 헤링본 패턴의 마루, 벽에 몰딩처럼 쓰는 웨인스코팅, 타일 사이사이까지 공간 곳곳에 핑크빛이 감돈다. "바이딱은 20년 지기의 수제 버거 가게입니다. 10년 넘게 의류사업을 하면서 친구의 말투와 행동에 밴 여성적인 성향을 공간에 반영해 전체적으로 분홍색을 사용했습니다."

아기자기한 공간 속에 또 한 번 시선을 끄는 것은 부드러운 곡선으로 바테이블과 의자를 감싼 타일이다. 바이딱은 네덜란드에서 수작업으로 제작한 디타일D-tile을 사용했다. 디타일은 총 열아홉 가지 종류가 있다. 일반 타일처럼 사용하는 마감재용은 곡선의 형태와 방향에 따라 일곱가지로 나눌 수 있다. 그 외에는 수건걸이나 컵홀더, 세면대 홀이나 책꽂이와 같이 기능이 추가된 열두 가지가 있다. 기능과 모양이 다른 모듈을 이용하면 인테리어는 물론, 다른 소품없이 책상이나 세면대, 화장실 벽을 완성할 수 있다. 디타일은 2016년 윤현상재에서 정식으로 국내에 수입하기 시작해 2017년 처음으로 바이딱에 적용했다. 하지만 아직 곡선 처리 부분을 세밀하게 작업할 수 있는 업체가 드물어 김형태가 시공에 참여해 노하우를 쌓았다.

Application of Tile

곡선 타일의
시공 노하우를 전하다

김형태
디자인형태 대표

김형태는 늦은 나이에 건축과 인테리어를 독학하고 시공과 디자인을 시작했다. 설계와 시공 전반에 참여하며 인더스트리얼 감성의 집(2011), 비밀의 정원(2015), 연세 소울 정신건강의학과 의원(2017) 등 틀에 얽매이지 않는 인테리어, 그리고 독창적인 디자인과 재료선택으로 새로운 시도를 보여준다.

디타일은 틀에 맞춰 재단할 경우 곡선의 정밀도가 떨어져 사전에 정확한 치수로 목재 틀을 만드는 것이 중요하다. "타일 규격은 물론, 줄눈의 간격과 접착제의 두께를 감안해 도면을 그렸습니다. 의자는 앉았을 때의 하중을 고려해 각파이프로 한 번 더 보강했지요." 틀이 완성된 후에는 나무에서 쉽게 탈락하는 것을 방지하기 위해 바탕면 전체에 프라이머를 도포해 접착력을 높였다. 또 타일 접착면에 실리콘을 찍어 틀에 꼭 붙도록 했다. 하지만 곡선부의 내경 오차를 예상하지 못해 타일을 떼고 바탕면을 몇 번씩 갈고 나서야 완성할 수 있었다.

디타일만큼 시선을 끄는 것은 공간과 맞춘 분홍색 줄눈이다. "국내에서 사용하는 안료는 액체형으로 페인트에 쓰이는 조색제가 들어 있습니다. 이는 백시멘트와 섞으면 보양 과정에서 물이 빠져 희뿌옇게 되거나 색이 얼룩덜룩해져요." 그는 영국에서 수입한 빨간색과 흰색의 분말 안료를 계량해 줄눈이 건조된 후에도 색이 전체적으로 균일하게 나타나도록 하였다. 색이 있는 줄눈으로 마감할 때는 제품 선택도 주의해야 한다. "무광타일은 표면의 질감이 매력적이지만 유지보수가 어렵습니다. 색이 들어간 줄눈으로 시공하면 수분을 흡수해 얼룩질 수 있지요. 바이딱에는 표면이 코팅된 유광타일을 사용했습니다. 기름이나 얼룩에도 강하고 줄눈을 시공할 때도 걱정 없어요."

그는 바이딱을 작업하며 디테일 시공법을 익혔다. 그리고 앞으로도 타일을 다양한 용도와 위치에 새롭게 시도할 계획이라고 말한다. 아직 국내에서는 타일의 쓰임이 물을 쓰는 공간으로 한정된다. 하지만 그의 시도처럼 다양한 재료를 위치, 용도에 구애받지 않고 여러 방식으로 과감하게 사용한다면 앞으로 더 다양한 형태와 성능의 제품이 개발될 것이다.

바이딱

설계	디자인형태
위치	서울시 중구 만리재로 207-9
규모	지상 1층
완공	2017

사용한 타일

제품	D-tile
규격	8.5×150×150㎜
제작사	디타일
구매처	윤현상재

Application of Tile

3

How to Make

Choice of Tile
타일 선택 가이드

글 정신오

타일은 공간의 크기와 용도, 부위에 따라 알맞은 제품이 있다. 타일을 이용한 셀프 인테리어의 첫걸음, 제품을 선택하고 견적을 내 구매하기까지의 과정을 알아보자.

용도에 맞게 선택하기

타일은 실내와 실외, 벽과 바닥에 따라 맞는 제품을 선택해야 한다. 외기와 면해 수축과 팽창이 일어나기 쉬운 외벽에는 흡수율 1% 이하의 자기 타일Tce03을 사용해야 파손이나 탈락의 위험을 줄일 수 있다. 바닥에는 충격에 강한 석기 타일Tce02이 적합하다. 실내 바닥에는 내구성이 좋은 자기를 사용한다. 도기 타일Tce01은 충격에 약해 사람의 하중이 직접적으로 가해지면 깨질 위험이 있어 주로 벽에 사용한다. 또 제품의 광도도 고려해야 한다. 무광타일은 수분을 흡수하기 때문에 쉽게 얼룩질 수 있어 이물질이 묻으면 바로 닦아야 한다. 유광타일은 유지관리는 쉽지만 미끄러질 수 있어 바닥용으로 사용할 때 주의를 기울여야 한다.

크기 고르기

타일은 일반적으로 300×300, 300×600, 600×600와 같이 300㎜를 기준으로 제작되고, 300×600㎜ 이상을 대형이라 한다. 최근에는 1,200×2,400㎜의 대형 타일을 사용해 벽을 넓게 구획하기도 한다. 욕실과 같이 물을 흘려보내야 하는 곳엔 알맞은 경사를 위해 300×300㎜ 이하의 제품을 사용해야 한다. 더 작은 크기로 벽을 꾸미고 싶다면 300×300㎜ 단위로 판매하는 모자이크타일Tce00-를도 좋다. 단 크기가 작고 각이 많을수록 가공이 복잡해져서 값이 올라간다.

패턴 선택하기

일반적으로 유행을 많이 타지 않는 민무늬나 석재 질감의 제품이 많이 생산되고, 사용된다. 단조로운 타일은 배치를 다양하게 하거나 색을 두 가지 정도 섞어 패턴을 만들 수 있다. 줄눈에 색을 넣는 것 역시 개성을 주는 방법 중 하나다.

벽과 바닥을 동시에 시공한다면 비슷한 색과 패턴을 선택해야 질리지 않고 오래 사용할 수 있다. 최근에는 석재나 목재를 닮은 자연적인 패턴이 많이 생산되는데, 무늬의 반복이 눈에 띄지 않는 것이 고급제품이다. 시공할 때도 패턴이 반복되지 않도록 미리 순서를 정한 뒤 시공해야 한다.

가구나 벽 혹은 바닥의 무늬도 함께 고려해야 한다. 주변이 무채색이거나 나무, 돌처럼 무게감 있는 재료로 이루어졌다면 패턴이 화려한 제품을 추천한다. 공간 전체에 기하학적인 무늬를 줄 수 있으며, 면적이 작은 곳은 무늬가 다른 여러 패턴의 타일을 사용해 그림을 전시해둔 듯한 분위기도 연출할 수 있다. 반대로 가구나 벽, 바닥이 화려하다면 최대한 단색이나 단순한 무늬를 선택해야 한다.

패턴에 관한 자세한 내용은 뒤(p.104-107 참고)에서 다루기로 한다.

(시계방향으로) 거실과 욕실, 주방의 벽과 바닥에 타일을 사용한 모습.

국산 타일과 수입 타일 구매하기

타일은 원산지에 따라 크게 국산과 유럽산, 중국산 세 가지로 분류한다. 일부 수제 타일을 제외하면 모두 상자나 면적 단위로 판매하며, 이 중 가장 고가는 이탈리아와 스페인에서 수입한 유럽 제품이다. 크기는 300×300㎜에서 1,000×3,000㎜까지 다양하며, 무늬도 자연질감부터 아라베스크 문양의 율동적인 곡선까지 각양각색이다. 유럽산 타일은 직접 개발한 색을 사용해 색채가 선명하고 정교하다. 하지만 단위면적(㎡)당 6~8만 원으로 국산 제품보다 2배 이상 비싸 주택보다는 고급 레스토랑이나 호텔에 많이 사용한다.

중국산은 디자인을 카피한 제품이 많으며 색상과 패턴이 다양하다. 흔히 국산 제품보다 저렴하고 성능이 떨어질 것이라고 오해하지만, 저렴한 것부터 유럽산과 비슷한 가격대까지 선택의 폭이 넓다. 하지만 유럽산 제품과 비교해 색의 선명함과 디테일이 떨어진다. 또 최근 내외장재로 인기인 박판타일은 아직 성능이 검증되지 않았으며 대표적인 하자로 가운데가 부풀어오르듯 구부러지는 현상이 나타나니 시공 시 주의가 필요하다.

국산 타일은 수입산과 비교하면 모양과 패턴이 단조롭다. 업체 중 쇼룸을 갖고있는 곳도 있지만 보통은 직판대리점을 통해 유통한다. 제품을 직접 확인하고 싶다면 샘플을 요청하거나 직납대리점, 을지로 타일거리(p.120-121 참고)를 방문하는 것이 좋다. 하지만 국산 타일은 개발이 많이 진행되지 않아 크기와 패턴이 다양하지 못하고 용도가 욕실과 주방에 한정된다. 최근에는 크기와 디자인이 다양한 중국산을 많이 사용하는 추세다. 대한도자기·타일공업협동조합의 통계에 따르면 2009년을 기준으로 국내 타일시장 중 수입제품의 점유율이 59.7%로 이미 절반을 넘었다. 그중 57.2%는 중국산이며 이탈리아산이 16.4%, 스페인산이 13.8%고, 그 외에는 인도네시아와 브라질, 말레이시아의 제품이 있다. 대한도자기·타일공업협동조합은 기준 제품을 100으로 두고 100보다 크면 우위, 100보다 작으면 열위로 경쟁력을 나타내는 지수, Crk k-firm Concentration ratio로 수입 타일을 평가한다. 국산을 100으로 볼 경우 이탈리아산은 품질 130, 가격 85로 디자인과 품질은 우수하지만 비싸다. 중국산은 품질 101로 국내산과 비슷하지만 가격은 무유타일 Tce00-■이 135, 시유타일 Tce00-□이 96으로, 유약을 바르지 않은 제품은 가성비가 우수하지만 그 외에는 국산과 차이가 없음을 확인할 수 있다.

타일 견적내기

먼저, 시공할 공간 면적을 구하고 그 값을 타일 낱장의 면적으로 나눠 총 소요량을 구한다. 보통 전용면적 85~90.5㎡ 주택에 바닥면적 5㎡, 벽높이 2,300㎜의 화장실을 시공할 경우, 1.44㎡의 상자를 기준으로 벽용 12상자, 바닥용 3상자 정도 필요하다.

국토교통부와 한국건설기술연구원에서는 시공하면서 재료가 파손될 것을 대비해 표준품셈을 정해 소요량보다 조금씩 더 주문하기를 권장한다. 2018년 1월에 개정된 건설공사 표준품셈에 따르면 도기와 자기, 모자이크타일은 3%, 비닐타일 Tvn01은 5%로 할증률을 정한다. 하지만, 이는 현장에서 파손될 양을 예상한 값으로 시공패턴이나 작업환경에 따라 그보다 많은 양이 필요할 수 있으니 상황에 맞게 여분을 준비하는 것이 좋다.

타일 소량과 대량 구매

국산 타일로 한 제품을 대량 구매한다면 수량을 정한 뒤 생산 업체에 문의하는 것이 좋다. 유통비가 줄어 좀 더 저렴한 가격에 구매할 수 있으며, 기존 제품에 색을 바꾸는 정도의 주문 제작도 가능하다. 하지만 재고가 없을 경우 재생산을 해야 하기 때문에 한 달 이상 여유를 두고 주문해야 한다.

중국산은 을지로의 타일상가에 문의하자. 중국산을 대량 구매할 경우에는 최소 물량이 1,000㎡ 이상은 되어야 한다. 재고가 있다면 운송 기간만 보름 정도 예상하면 되지만 재생산해야 한다면 2~3개월 이상 걸릴 수 있다. 대량으로 구매할 수 있는 공장은 부록 업체정보(p.116-121 참고)를 통해 확인할 수 있다.

TIP 타일 기호 읽기
매장을 가면 영문과 숫자로 조합된 라벨이 제품에 붙어 있는 것을 볼 수 있다. 이는 각각 제품의 크기, 상자로 구매했을 때 시공 가능한 면적, 가격을 의미한다. '600*900 / 1.62 / 0FE'로 예를 들어보면, 낱장이 600×900㎜인 타일 한 상자를 구매했을 때, 1.62㎡의 면적을 시공할 수 있다는 뜻이다. 뒤의 영어 숫자조합은 상자로 구매했을 때의 가격을 뜻한다. 각 알파벳이 몇 번째 순서인지에 따라 십만 원, 만 원, 천원의 금액을 추측할 수 있다. 가령 0FE는 십만 원대 자릿수가 0, 만 원대 자릿수가 6, 천 원대 자릿수가 5로, 6만 5천 원이라는 뜻이다. 복잡해 보이지만 알고 있으면 매장에서도 직원의 도움 없이 견적을 내고 가격을 비교해볼 수 있다.

사진 제공C&V제휴

중국 포산시에 있는 타일 생산 업체인 C&V 전시장 전경.

사진 제공C&V매점

중국 내 세라믹 타일의 수요는 약 100억㎡로 이 중 90%가 내수일 만큼 건축 내장재로 많이 사용된다.

중국 타일 산업 탐방기

중국어로 타일은 '구워낸 벽돌'이라는 뜻의 '시주안ci zhuan'이라고 한다. 중국산 타일은 2000년대 이후 수입이 급증했다. 대한도자기·타일공업협동조합에 따르면 국내시장의 60~70%가 중국산 타일로 추정된다.

글 심영규

중국산 타일의 장점은 가격 대비 품질이 우수하고 대량으로 공급이 가능한 점이다. 조합에 따르면 가격 경쟁력은 우수하지만 국산 타일과 품질 면에서 큰 차이가 없다. 중국은 전통적으로 도자 기술이 발달했고 풍부한 원료와 대규모 투자를 바탕으로 수많은 공장을 세워 전 세계 타일시장을 석권하고 있다. 또, 친환경 인증을 획득하고 다양한 제품을 개발하면서 국제적으로도 경쟁력 있는 타일로 떠오르고 있다.

중국 타일산업 동향 보고서에 따르면 중국 내 세라믹 타일의 수요는 약 100억㎡로 이 중 90%가 내수다. 중국 내 도시화가 가속화되면서 생산량은 계속 증가하는 추세다. 최근에는 친환경과 라이프스타일 변화에 발맞춘 디자인 개발에 힘쓰고 있다. 정전기 방지 세라믹 타일, 자체 청소 세라믹 타일, 열과 빛을 저장하는 건축용 외벽타일 등 다양한 제품도 개발 중이다. 디자인은 지금과 같이 목재와 석재 등 자연재료를 모방한 다양한 제품이 계속 나온다고 한다.

중국 남부 광동성의 포샨(불산, 佛山)시가 대표적인 타일 생산지역이다. 이 지역은 우수한 점토나 석재 등 원자재가 풍부하고 수출입이 편해서 일찌감치 타일산업이 발달했다. 포샨시는 광저우시 바로 옆에 있고 공항에서 자동차로 1시간 정도 걸린다. 시내에 있는 난징엔 국제컨벤션센터와 타일 전시장이 몰려 있어 한자리에서 제품을 볼 수 있다. 생산 공장들은 시내에서 차로 1~2시간 거리에 있다. 포샨시 인근에 생산량 기준 최상위 업체들이 몰려 있다. 대부분 고유한 브랜드를 가지고 제작부터 도소매, 마케팅까지 하고 있다. 워낙 구매자가 많다 보니 공장마다 전시장과 박물관까지 두고있다. 또 영어와 한국어를 지원하는 홈페이지를 운영하고있어 해외 구매자들도 쉽게 제품정보를 볼 수 있다. 회원가입을 하면 제품정보와 샘플을 보내주며 별도의 어플리케이션과 관리 시스템을 둔 업체도 있다.

중국 타일 유통 전문가는 "300×300㎜의 바닥용 타일 9개가 국내에서는 2~5만 원 정도지만 중국에서 대량 구매할 경우 5,000원까지 구매할 수 있다"며 "중국산은 가격 경쟁력에서 비교할 수 없다"고 말한다. 그는 "운송비는 전체의 5%, 세금은 8% 정도 생각하면 된다"고 말한다. 주문 물량에 따라 다르지만, 타일은 무게가 무겁고 운반이 어려운 특성상 현장 배송 방식으로 한다. 최소 수량에 대한 기준은 없고 수십만 장까지 주문할 수 있다. 보통 주문하면 제작 기간을 제외하고 운송만 선박으로 1주일 걸리며, 주문에서 제작까지 1~2달은 소요된다. 소매나 개별적인 제품에 대한 정보와 가격 정보는 중국 온라인 쇼핑몰인 텐센트주택(www.jia360.com)이나 알리바바(www.alibaba.com)를 통해 손쉽게 얻을 수 있다. 다음은 포샨에 있는 대표적인 타일 업체로 중국 최상위 업체들을 확인할 수 있다.

포산C&V 공장 내부 사진. 100만 평 규모의 공장엔 560m 길이의 가마 32개가 있다. 모든 시설이 자동화돼 있고 이곳에서 흡수율 0.2~1% 이내의 우수한 제품을 생산한다.

광둥웨이메이세라믹

광둥웨이메이세라믹은 1988년 설립된 중국에서 가장 큰 타일 및 자기 업체다. 타일 브랜드는 '마르코폴로Marco Polo'와 'L&D' 등이 있다. 중국 내 4개의 공장을 운영하고 본사엔 16,000㎡ 규모의 박물관도 있어 8,500점의 전시물을 볼 수 있다. 해외 딜러용 시스템과 어플리케이션도 제공한다. 대표 브랜드 마르코폴로 (www.marcopolo.com.cn)는 1996년 만들어졌다. 주요 제품은 무광택타일, 광택타일, 유약타일, 세라믹 타일로 중국 전역에 4,000개 이상의 매장이 있다. 자체 개발한 3D프린팅 기술로 다양한 대리석과 목재 무늬 타일을 생산하고 구제 느낌의 골동품타일이나 중국 전통 산수무늬 타일도 유명하다. 가상 VR 전시관도 운영 중이다. 한편 L&D(www.lndtc.cn)는 2003년 만들어진 하이엔드 브랜드다.

⌕ www.gdwn.cn
☏ 86-769-88463230

동펭타일

1972년 설립된 동펭그룹의 자회사로, 올해 46년 됐다. 위생 도자기, 타일, 바닥재, 페인트까지 다양한 건축자재를 생산한다. 중국 내 14개 공장과 5,000개 이상의 매장을 보유하고 있다. 대표 제품은 유리타일, 고타일, 위생 도자기 등이다. 베이징에 있는 올림픽주경기장, 중국 국립 대극장에 납품했고 최근엔 상하이국제금융센터, 아부다비 알라하비치호텔에 50만㎡ 상당의 제품도 납품했다. 한국어 홈페이지 서비스도 지원한다.

모나리자타일

1992년 설립된 모나리자타일은 2017년 선전증권거래소에 상장됐다. 연간 수 만t을 생산하며 고급스러운 하이엔드 세라믹 브랜드로 디자인이 독특한 아트타일을 주로 판매한다. 600×600㎜의 바닥타일이 90위안부터 가격대가 다양하다.

⌕ monalisa.com.cn

제일대리석타일

2009년 설립된 제일대리석타일은 '제인'이란 브랜드를 사용한다. 수백 가지 대리석타일을 전문으로 생산, 판매하며 세계 60여국에서 492개 매장을 운영하고 있다. 최근 칭웬 공장에 700만 위안을 투자했고 6,000㎡의 R&D센터를 두고 있다. 힐튼호텔 등에 납품했고 홈페이지를 통해 가상의 전시장도 운영 중이다.

⌕ www.gani.com.cn
☏ 86-757-82362988

포샨C&V

2010년 세워진 회사로 미국의 글로벌 건자재 그룹인 모호크Mohawk Industries와 중국이 합작해서 세웠다. 100억 위안을 투자해 300만㎡가 넘는 면적으로 지은 공장엔 560m 길이의 가마 32개가 있다. 자체 브랜드도 있지만 OEM방식으로 주로 생산하며 연간 매출액은 150억 위안(2조 5천억 원)이다.

⌕ www.coloto.cn
☏ 86-757-82273883

Tile Store
타일 매장 방문기

글 정신오

논현동이나 을지로 타일골목의 매장을 방문하면 원하는 타일 제품을 눈으로 확인할 수 있지만, 공간에 적용했을 때의 느낌을 상상하기는 어렵다. 이에 다양한 수입, 수제 타일을 판매하면서 쇼룸을 통해 제품의 활용을 보여주는 매장 네 곳을 소개한다.

친숙한 타일을
한 눈에 만나다
상아타일

논현동에 위치한 상아타일 매장에서는 6개 층의 쇼룸에서 타일과 위생도기를 볼 수 있다. 1층 로비에는 1,200×2,400㎜의 대형 타일이 전시되어 있고 위에서부터 한 층씩 내려오면 3~5층에서는 판매용 타일과 위생도기로 꾸민 쇼룸을 볼 수 있다. 2층에서는 제품을 한데 모아 원하는 것을 한눈에 비교가 가능하다.

상아타일은 돌이나 콘크리트와 같이 자연 질감을 살린 제품이 많다. 그중 나무의 질감을 살린 트렉소울Treksoul과 우드초이스Woodchoice는 가공을 거치지 않고 쉐브론 패턴을 넣을 수 있도록 평행사변형으로 제작돼 인기다. 이외에도 입체타일이나 작은 타일도 있다. 코엠COEM사는 1,200×2,400㎜ 대형 타일을 판매하는데, 더 큰 규격을 원한다면, 주문제작도 가능하다. 상아타일에서 운영하는 온라인 쇼핑몰, 차오토로(www.ciaotoro.com)에서는 200×200㎜ 이하의 타일을 구입할 수 있다.

상아타일에서는 교회의 로비나 수영장, 분수대 등 특정 공간을 대상으로 건축주와의 상담을 통해 디자인과 시안을 제공하는 서비스를 함께 제공하고 있다. 상아타일은 평일은 9시부터 18시 30분, 토요일은 9시부터 17시까지 운영한다.

주소	서울특별시 강남구 논현로 618 상아타일 빌딩
사이트	www.sangahtile.co.kr
연락처	02-3442-1250
운영시간	월-금: 오전 9시-오후 7시 / 토요일, 공휴일: 오전 9시-오후 5시 (추석, 설연휴 및 일요일 휴무)

플리마켓부터 타일클래스까지
소비자 눈높이에 맞춘 서비스
윤현상재

논현동 타일골목에 있는 윤현상재는 이탈리아와 중국에서 수입한 세라믹 타일Tce을 전문으로 판매하는 매장이다. 인테리어와 건축사무소는 물론 타일에 관심이 있는 사람이라면 누구나 편하게 방문할 수 있다. 6개 층으로 구성된 매장은 지하 1층부터 2층을 쇼룸, 4~5층을 문화행사를 위한 전시장으로 운영한다. 제품 구성은 벽과 바닥에 사용 가능한 자기질 타일 90%, 도기질 타일 10%다.

구매는 면적과 상자 단위로 이루어진다. 가격은 단위면적(㎡)당 1~7만 원까지 폭이 넓으며 그 중 소비자가 많이 찾는 것은 2~5만 원대다. 모든 제품은 항상 500㎡ 이상의 물량이 되도록 유지하기 때문에 그 범위 내에서는 주문을 하면 바로 발주가 가능하다. 간혹 그 이상을 주문할 경우 중국산은 1개월, 이탈리아산은 2개월의 제작과 운송 기간이 필요하다. 수채화 느낌이 나는 육각타일과 꽃타일은 윤현상재에서만 구매할 수 있는 수제 타일이다. 수제 타일은 낱장 구매가 가능하고 원하는 디자인이 있다면 주문제작도 가능하다. 단 최소물량이 10㎡ 이상이어야 하며, 제품 성능과 디자인을 위한 테스트 비용이 함께 포함되기 때문에 기성품보다 비싸다.

매장에서는 제품판매 외에도 2개월에 한 번 타일 제품을 포함한 실내 인테리어 제품으로 플리마켓, '윤현상재 보물상자'와 한 달에 한 번 일반 소비자 30~40명을 대상으로 하는 셀프 인테리어 수업을 연다. 수업은 준비된 가벽에 직접 접착제를 바르고 타일을 붙이는 과정으로 2시간가량 진행되며 쉽게 DIY를 할 수 있도록 돕는다. 쇼룸은 평일 9시부터 18시 30분, 토요일은 9시부터 17시까지 운영한다.

주소	서울특별시 강남구 학동로 26길 14, 윤현빌딩
사이트	www.younhyun.com
연락처	02-3444-4366, 02-540-0145
운영시간	월-금: 오전 9시~오후 6시 30분 / 토: 오전 9시~오후 5시

윤현상재에서 추천하는 주방타일

화이트 서브웨이 타일 750

저렴한 가격과 깔끔한 디자인으로 꾸준히 인기인 스테디셀러 제품이다. 기본적인 디자인으로 일자배치나 벽돌배치, 헤링본 배치 등 다양한 패턴을 만들 수 있다. 또 백색이라 색 있는 줄눈을 사용해도 잘 어울린다. 크기는 75×150㎜이며, 단위면적(㎡)당 2만 원대에 구입할 수 있다.

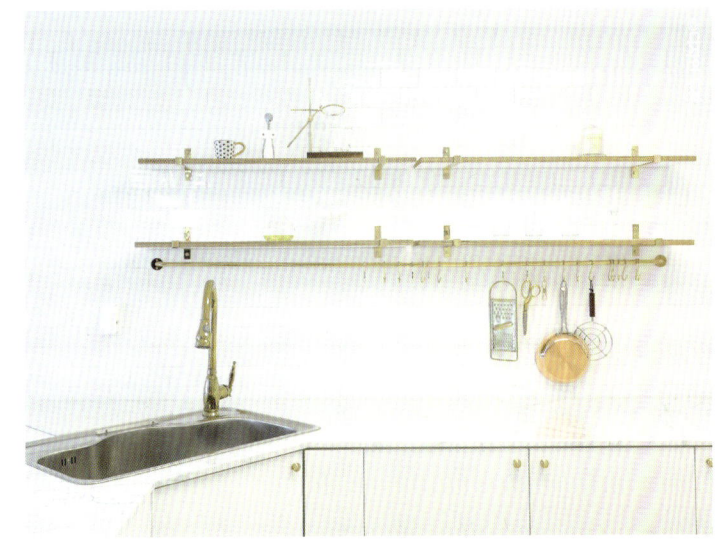

**자연의 질감,
풍부한 패턴으로 가득한**

유로세라믹

유로세라믹은 타일과 함께 조명, 가구를 취급하는 업체로 지하 1층부터 3층까지 총 4개 층에서 타일과 제품을 활용한 쇼룸을 볼 수 있다. 1층 라운지에 들어서면 낱장의 대형 박판타일과 사례를 볼 수 있다. 2~3층에서는 위생도기, 가구와 함께 구성된 쇼룸과 600㎜ 이하의 낱장이나 모자이크타일 Tce00-Ⅱ이 전시되어 있다. 좀 더 규모가 큰 것은 지하 1층에서 확인할 수 있다.

유로세라믹의 인기상품은 이탈리아 라미남 Laminam사에서 생산하는 대형 타일로 크기가 1,000×3,000㎜다. 국내에서는 제작이 불가능한 크기인 데다 기존에 이탈리아와 중국에서 출시되었던 1,200×2,400㎜보다 길어 건물에 다양하게 적용하는 것이 가능하다. 또 강도가 크고 두께가 다양해 실내의 벽, 바닥은 물론 외장재로 주목받고 있다. 외에도 200~900㎜의 대리석, 목재 등의 자연 질감을 살린 다양한 제품을 볼 수 있으며, 모자이크타일도 구매가 가능하다.

유로세라믹 제품으로 전용면적 85~90㎡의 화장실을 시공할 경우 유럽산은 평균 180만 원, 중국산은 80만 원이 소요된다. 오피스텔이나 아파트와 같이 규모가 큰 현장에 제품을 사용할 경우 기준 수량 이상이면 대량 구매할 수 있지만 제품의 제작과 수입을 위해 한두 달로 넉넉히 기간을 잡고 주문해야 한다. 인근에 있는 유로디자인센터는 문화 관련 전시나 행사에 장소를 제공하며, 견학이나 세미나를 운영하고 있다. 쇼룸은 평일 9시 30분부터 18시 30분까지, 토요일은 8시 30분부터 17시까지 운영된다.

주소	서울특별시 강남구 논현로 127길 14 유로타워
사이트	www.eurotile.co.kr
연락처	02-543-6031
운영시간	월-금: 오전 9시-오후 6시 30분 / 토: 오전 8시 30분-오후 5시

유로세라믹에서 추천하는 아이방의 타일

그라디스카 GRADISCA

패턴이 풍부한 파스텔 톤의 타일로 차분하면서도 생기를 줄 수 있어 아이방에 좋다. 단일 제품도 매력적이지만 패턴을 섞어서 사용하면 단조로운 공간에 시각적인 즐거움을 더할 수 있다. 크기는 200×200㎜이며 단위면적당 7만 원대에 구입할 수 있다.

**화려한 색과 무늬로
시선을 사로잡는 타일**

키엔호

지하 1~2층까지 구성된 쇼룸에서는 타일과 목재 그리고 가구를 판매한다. 타일은 스페인과 포르투갈, 인도네시아에서 엔커스틱 방식으로 수작업한 것을 수입한 것으로 화장실이나 현관 및 주방의 주거공간은 물론 카페, 레스토랑과 같은 상업공간에서도 많이 사용된다.

보통은 상자나 단위면적당 판매하지만 장식용으로 낱장을 구매하는 것도 가능하다. 한 상자당 12장의 타일이 들어 있으며 1.44㎡의 면적을 시공할 수 있다. 제품에 따라 가격이 조금씩 차이가 있는데, 평균 상자당 5~6만 원대에 구입할 수 있다. 또 물량이 많을 경우 원하는 디자인을 의뢰하면 주문제작도 가능하다. 단 디자인 요청과 함께 대량으로 구매하면 한 달 이상의 기간이 필요하다.

강남에 위치한 쇼룸에서는 타일 외에도 시멘트 블록이나 빈티지 가구도 함께 취급한다. 또 대리석 소재인 타일의 방수성능을 강화하기 위한 발수코팅제를 별도로 구입할 수 있다. 하지만 시공에 필요한 부자재나 도구는 판매하지 않는다. 또, 홈페이지를 방문하면 수량계산기를 이용해 제품별 견적을 확인할 수 있다. 쇼룸은 평일 9시부터 18시, 주말은 9시부터 15시까지 운영된다.

주소	서울특별시 강남구 강남대로 102길 47
사이트	kienho.com
연락처	02-717-6750
운영시간	월-금: 오전 9시-오후 6시 / 토: 오전 9시-오후 3시

키엔호에서 추천하는 엔커스틱타일

빈티지한 공간의 타일 로제톤 ROSETON

나뭇잎을 닮은 대각선 대칭패턴의
타일이다. 선이 굵고 패턴이 화려한
것이 특징이며 여러 장 조합하여 꽃과
같은 무늬를 만들 수도 있다. 크기는
200×200㎜으로, 12개의 제품을 한 상자로
판매한다. 상자당 5~6만 원대에 구매가
가능하다.

Tiling Tools
타일 시공 도구 선택하기

글 정신오

타일을 선택했다면 그에 맞는 도구를 알아보자. 시공 공정과 부위, 제품에 따라 필요한 부자재와 접착제가 달라진다.

부자재 선택하기

타일을 시공할 때는 각 공정에 맞는 도구를 사용해야 한다. 줄눈을 닦아내는 스펀지처럼 누구나 쉽게 다룰 수 있는 것이 있는가 하면, '헤라'나 '코너비드'처럼 이름부터 낯선 것도 있다. 간단한 것은 주변 철물점에서 구입할 수 있지만, 어떤 부자재는 전문 상가를 방문해야 하기도 한다. 또 도구의 규격에 따라 접착제의 소요량이 달라지기도 하니 각 특징과 사용법을 인지한 후 상황에 맞는 것을 고르는 것이 중요하다.

❶ 수평자

수직과 수평을 맞출 때 사용한다. 자에는 수평과 수직, 45°를 측정하는 기포관이 있다. 기포관은 선에 따라 세 지점으로 구획되는데, 기포가 중심에 위치하면 균형이 잘 맞은 것이다. 사용할 때는 확인하고자 하는 부위의 기포관이 위를 향하도록 접착면에 밀착시킨다. 단, 면에 먼지나 이물질, 상처가 있을 경우 오차가 생길 수 있으니 평평한 곳에서 측정해야 한다.

❷ 커팅기

타일의 자투리면이나 꺾이는 부위를 자를 때 사용한다. 힘을 주어 자르는 절단기와 전기톱 방식의 그라인더, 손쉽게 들고 다닐 수 있는 핸드 프레스 등 여러 가지가 있다. 핸드 프레스는 도기 타일Tce01을 자를 때 사용한다. 크고 두꺼운 타일은 힘이 고르게 가해지지 않아 쉽게 깨진다. 두꺼운 타일을 자를 때는 절단기가 좋다.

❸ 코너비드

꺾이는 면에 타일을 붙일 때, 지저분한 면이 보이지 않도록 깔끔하게 마감하기 위해 사용한다. 코너비드는 5~40㎜까지 크기가 다양한데, 타일 두께와 맞는 것이 남거나 모자란 부분 없이 면을 덮을 수 있다. 또 소재와 모양은 스테인레스와 알루미늄, 사각과 곡선형 등 여러 가지가 있으니 타일과 어울리는 제품을 골라 사용하자. 코너비드를 고정하다가 맞닿는 부분이 생긴다면 끝을 45°로 재단해 겹치는 부분이 생기지 않도록 하는 것이 좋다.

(왼쪽부터) 수평자, 레이저 수평계, 타일 컷팅기, 그라인더.

❹ 흙손과 헤라

흙손은 평평한 쇠 또는 고무면에 ㄱ자 손잡이가 달린 것으로 알갱이가 있는 접착제나 압착시멘트, 퍼티를 바를 때 사용한다. 시공 현장에서는 주로 흙손을 쓴다. 헤라는 주걱처럼 생겼고 PVC나 스테인레스, 고무 등 다양한 소재로 만든다. 작은 면적에 타일을 붙일 때 사용하면 좋다. 흙손과 헤라는 끝면이 밋밋하거나 요철이 있다. 일반적으로 타일을 고정할 때 접착면의 요철 사이로 접착제가 퍼질 수 있도록 톱니처럼 생긴 것을 사용한다. 요철은 7, 10, 15㎜가 있으며 제품에 따라 세라픽스나 접착제 등의 부자재 소요량이 달라진다.

❺ 줄눈간격재

타일을 일정한 간격으로 붙이기 위해 사용한다. 규격은 1~5㎜로, 타일을 붙이는 방식에 따라 일자형이나 ╋자나 T자, Y자 등 맞는 제품을 선택해서 사용한다. 작은 타일을 시공할수록 많은 간격재가 필요하다.

❻ 고무망치

타일을 시공할 때 완벽한 접착을 위해 손 대신 이것으로 타일 표면을 두드린다. 고무망치는 내려치는 머리 부분이 고무로 된 것으로, 손잡이는 쇠, 플라스틱, 참나무 등 다양하다. 일반 망치에 비해 타격의 강도가 약해 사용했을 때 흠집을 줄일 수 있으며, 타일과 같은 제품이 파손될 위험이 적다. 단, 손잡이에 기름기가 묻으면 미끄러질 수 있으니 이물질을 닦아낸 후 사용하는 것이 좋다.

(왼쪽부터) 코너비드, 흙손, 쇠헤라, 고무헤라, 줄눈간격재, 고무망치

접착제 선택하기

접착제는 각 제품별로 시공 가능한 바탕면과 기준량당 시공 가능한 면적이 다르다. 타일용 접착제나 시멘트는 타일매장에서 구매가 가능하지만 줄눈에 색을 내기 위해 섞는 안료는 을지로 부자재 상가에서 구매해야한다. 또 국내에서는 쌍곰 제품을 많이 사용하지만 해외 타일을 유통하는 곳에서는 마페이Mapei사의 접착제를 판매하기도 한다.

접착제 선택하기에서는 벽과 바닥, 줄눈제순으로 제품을 소개한다. 접착제의 소요량은 7㎜의 요철 흙손으로 시공했을 때 기준으로, 요철의 크기에 따라 차이가 있을 수 있다.

❶ 드라이픽스

바닥타일을 덧방하거나 큰 자기 타일Tce03을 붙일 때 사용한다. 주로 콘크리트나 미장면처럼 습식으로 된 바닥과 벽에 바른다. 내수성이 좋아 주방과 욕실에 주로 쓰이며 탄력성까지 우수해 공기의 울림이 큰 지하철이나 터널 접착제용으로도 적합하다.

분말형 드라이픽스를 사용할 경우 4대 1의 비율로 물에 개어 반죽하며, 단위면적(㎡)당 4kg이 소요된다. 바탕면에 바른 뒤에는 30분 이내에 타일을 붙여야 탈락해서 떨어지지 않는다. 대형 자기 타일은 탈락할 경우 안전의 위험이 있어 천장에는 절대 금지다.

드라이픽스는 실내의 온도 변화로 수축 팽창을 예방하기 위한 바닥난방용 등 여러 종류가 있는데, 바닥난방용을 제외하면 모두 3m 간격마다 신축줄눈을 설치해야 한다.

❷ 세라픽스

실내벽에 사용하는 접착제로 주로 400×600㎜보다 작고 4kg 이하인 도기 타일을 붙이거나 덧방할 때 사용한다. 석고보드 같은 건식 바탕면, 콘크리트나 미장면에 적합하지만 MDF나 OSB합판면, 바닥용으로는 부적절하다. 또 제품에 따라 타일 뒷면이 유약이나 메시로 처리된 경우에는 요철이 없어 접착력이 떨어질 수 있으니 쌍곰과 같은 접착제 제작 업체에 확인해야 한다. 단위면적(㎡)당 약 3.3kg이 소요되며, 접착성이 유지되는 '오픈타임'은 20분 이내로 그 안에 타일을 붙여야 탈락해서 떨어지지 않는다.

(왼쪽부터) 드라이픽스, 세라픽스, 석재용 에폭시
접착제. 드라이픽스와 세라픽스는 쌍곰, 석재용
에폭시 접착제는 제일산업 제품이다.

❸ 타일줄눈제

욕실과 주방에 사용하는 내장 줄눈용 시멘트 모르타르로 백색을 기본으로 한다. 색이 있는 줄눈제도 있지만 직접 안료를 혼합해 색을 내기도 한다. 단 양생이 충분히 되지 않은 습식 바탕면이나 외부에 사용할 경우 얼룩이 생길 수 있으니 수분이 적은 곳에 사용하는 것이 좋다.

타일줄눈제는 분말형으로 되어 있어 3대 1의 비율로 물에 개어 반죽해서 사용하며, 3㎜ 간격의 줄눈을 시공할 경우 단위면적(㎡)당 0.25~0.3kg이 소요된다.

❹ 에폭시 접착제

수영장, 공중 목욕탕과 같이 늘 물에 노출되는 공간에 시공할 때 사용한다. MDF나 스테인리스, 노출우레탄 방수면에는 시공이 불가능하다. 600×600㎜ 이하의 대형 자기 타일에 적합하고, 높이가 3m 이상인 벽면이나 진동, 울림이 있는 곳에는 걸어서 고정하는 건식 방식을 병행해서 사용해야 한다. 또 타일 접착면이 유약이나 메시로 처리된 경우에는 접착제 업체에 사용 가능한지 확인이 필요하다.

에폭시 접착제는 단독으로는 사용할 수 없으며 접착제와 경화제를 1대 1의 비율로 혼합해 사용한다. 주로 접착제 10kg, 경화제 10kg으로 구성된 20kg의 세트로 판매하며, 단위면적(㎡)당 접착제 2kg, 경화제 2kg이 소요된다.

❺ 실리콘 실란트

목재와 같이 부착면이 썩을 우려가 있거나 떨어진 타일을 보수하는 경우에 사용한다. 실리콘은 탄성이 좋아 타일 접착면에 실리콘을 찍어 붙이면 수축 팽창으로 떨어지는 것을 줄일 수 있다. 주로 코너면에 줄눈 대신 사용하거나 보수할 때 쓰인다.

❻ 압착시멘트

타일을 바닥에 붙일 때에는 하중이 지속적으로 가해지기 때문에 접착력이 좋은 시멘트를 쓴다. 압착시멘트는 주로 자기 타일을 붙일 때 사용하며, 300×300㎜ 이하의 제품 시공 시 많이 쓴다. 자체에 골재와 보수재가 섞여 있어 물 이외의 모래나 시멘트를 섞는 것을 금한다. 또 수축과 팽창으로 타일이 탈락하는 것을 방지하기 위해 코너와 3m 간격으로 신축줄눈을 설치해야 한다. 압착시멘트는 5대 1의 비율로 물에 개어 반죽한 뒤 사용하며, 단위면적(㎡)당 5~5.5kg이 소요된다.

(왼쪽부터) 타일줄눈제인 홈멘트, 석재용 에폭시 접착제, 실리콘 실란트, 압학시멘트로 사용하는 하이트맨트. 홈멘트와 압착시멘트는 쌍곰, 석재용 에폭시 접착제는 제일산업, 실리콘 실란트는 삼중 제품.

Installation of Tile
타일 시공의 실제

글 정신오

욕실의 바닥처럼 물매를 잡아야 하는 공간은 숙련공의 도움이 필요하지만 기존의 타일면 위에 덧붙이는 덧방이나 벽, 현관은 혼자서도 원하는 부위에 직접 시공할 수 있다. 타일시공에서는 여러가지 배치방법과 시공순서를 살펴본다.

Step 1. 타일 배치하기

같은 모양의 긴 직사각형의 타일도 가로로 붙일지 세로로 쌓을지, 생선뼈 모양의 헤링본 배치로 붙일지에 따라 그 느낌이 완전히 달라진다. 또 팔각형이나 육각형, 모자이크타일을 부분적으로 시공해 공간에 포인트를 줄 수도 있다. 이렇듯 타일은 배치 방식에 따라 다른 느낌을 주는 재료다.

일자배치 stach bond

일자배치는 주방이나 욕실에 줄을 맞춰 붙이는 가장 일반적인 배치 방법으로 어느 공간에나 무난하게 잘 어울린다. 단순한 방식이라 초보자도 손쉽게 시공할 수 있다.

 일자배치는 간격이 일정하지 않거나 삐뚤어지면 눈에 잘 띄기 때문에 수평계로 열을 잘 맞춘 뒤 줄눈간격재로 줄눈이 일정하도록 작업해야 한다. 자투리를 시선이 잘 가는 곳에 두면 공간이 지저분해 보인다. 그러므로 처음부터 자투리 줄눈의 위치를 고려해 시작점 S.P, Starting Point 을 잡아야 한다. 시작점의 위치는 타일 시공하기(p.108 참고)에서 좀 더 자세히 다룬다.

How to Make

벽돌배치 brick bond, subway bond

벽돌을 쌓은 모습과 닮은 벽돌배치는 위아래 타일이 수평적으로 얼마나 빗겨나게 붙였는지에 따라 서브웨이 본드와 브릭 본드로 나눌 수 있다. 미국 지하철 승강장의 타일배치 모양에서 이름을 딴 서브웨이 본드는 위아래의 타일과 수평으로 3분의 1만큼 간격을 두면서 붙인다. 벽돌을 쌓는 방식과 닮은 브릭 본드는 기준 타일의 네 모서리가 위아래에 놓인 타일의 중심에 위치한다. 한 가지 색을 이용하는 것이 일반적이지만 두 가지 색을 이용하면 층을 나누거나 중간중간 포인트를 주는 것도 가능하다.

헤링본 배치 herring-bone bond

헤링본은 '청어의 뼈'라는 뜻이다. 헤링본 타일은 맞대는 면이 수직이 되게 붙이는 방식으로 바탕의 테두리를 처리하는 것이 어려워 초보자가 시공할 경우 지저분하게 마무리 될 수 있다. 이럴 때에는 커팅기보다 날이 작은 그라인더를 이용해 타일을 자르자. 헤링본 배치의 경우 일자배치나 모서리 부분의 대부분을 잘라서 사용해야 하기에 버려지는 양이 많아 필요한 양보다 40% 넉넉하게 주문하는 것이 좋다. 헤링본 배치를 응용한 방법으로는 90° 틀어 사선 느낌을 강조한 피쉬본 fish-bone과 면이 맞닿도록 모서리를 45°로 다듬은 쉐브론 chevron 배치가 있다.

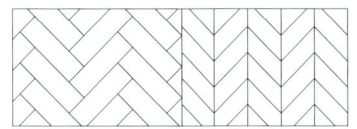

다각형타일 배치

타일은 사각형 외에도 다각형, 유선형 등 모양이 다양하다. 유선형 타일은 헤링본 배치와 같이 한 톤으로 통일된 단조로운 공간에 포인트를 줄 수 있다. 최근에는 다각형 타일로 색을 섞어 간단한 문구를 넣어 포인트를 주기도 하니 원하는 분위기에 맞게 타일을 선택해서 사용하면 된다. 단 다각형 타일을 사용할 때는 조합에 유의해야 한다. 육각형 타일의 경우 한 제품만으로 패턴을 만드는 것이 가능하다. 하지만 팔각형 타일은 4개가 붙으면 생기는 틈에 작은 사각형을 함께 사용해야 한다.

모자이크타일 Tce00-▦

모자이크타일은 철망으로 된 시트에 5㎝ 이하의 작은 타일을 일자배치나 벽돌배치의 패턴으로 미리 조합한 것을 말한다. 크기가 다른 타일을 조합해서 사용하고 싶은데 면적을 계산해 견적을 내는 것이 어렵거나 작은 타일을 일일이 붙이기 힘들다면 모자이크타일을 추천한다. 낱장으로 붙이는 제품과는 달리 뒷면이 요철 없이 매끈하고 철망 시트로 연결되어 시트를 통째로 붙이면 되기 때문에 작업량이 적다. 단 가공 작업이 많아 비싸다.

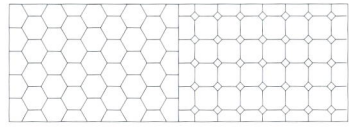

Step 2. 타일 시공하기

타일과 접착제만 있다면 집에 있는 재료로 쉽게 시공할 수 있는 것이 타일이다. 타일을 붙이는 과정은 비교적 간단하다. 방법을 터득해 벽과 바닥 등 원하는 부위에 직접 타일을 붙여볼 차례다.
DO IT YOURSELF!

준비물
타일, 레이저 수평계(수평자 또는 먹줄), 커팅기, 시멘트 또는 접착제, 줄눈제, 흙손 또는 뿔헤라, 줄눈간격재, 고무망치, 스펀지

❶ 타일 배치하기

타일을 붙이다 보면 자투리면이 생기게 마련이다. 시공하면서 자투리면마다 일일이 완장을 자르기 어려울 뿐만 아니라 자르고 붙이는 일을 반복하는 것이 번거로우니 미리 타일을 잘라두자.
　바탕면을 종이에 본뜨고 줄눈의 간격을 고려해 타일을 배치한다. 자를 부위를 수성펜이나 연필로 표면에 표시한다.

❷ 타일 자르기

미리 연필이나 수성펜으로 표시한 절단선을 커팅기의 화살표와 일치시킨 뒤 날을 아래에서 위로 3~5회 반복해서 그어 틈을 만든다. 틈에 날을 고정한 뒤 힘을 주어 손잡이를 누르면 쉽게 자를 수 있다. 자를 때에는 기울어지지 않고 수평이 되게 유지해야 한다.

❸ 접착제 바르기

타일의 바탕면에 이물질이 없도록 깨끗이 한 뒤 접착제를 바른다. 접착제는 반죽형과 분말형이 있다. 시연에 사용한 세라픽스는 반죽형으로 개봉해 바로 사용할 수 있다. 분말형이라면 물에 개어 반죽한 뒤 바른다. 혼합비율은 제품마다 차이가 있으니 타일 시공 도구 선택하기(p.102~103 참고)를 참고하자. 반죽된 접착제는 흙손이나 뿔헤라로 고르게 펴 바른다.

❹ 수평 맞추기

레이저 수평계를 평평한 곳에 두고 시작 위치를 잡으면 쉽지만 기계가 없다면 수평자와 실을 이용해보자. 수평자를 대고 바탕면에 선을 그은 뒤 그에 맞춰 한 장 한 장 붙이는 것이 가장 일반적인 방법이다. 바닥의 경우에는 공간이 좁다면 기준실을 띄우고, 넓다면 먹줄을 튕겨 자국을 낸다.

❺ 타일 붙이기

타일을 붙일 때에는 면이 지저분하게 보이지 않도록 시선이 먼저 향하는 곳부터 시작한다. 벽의 경우 천장, 바닥은 사물이 없는 곳을 먼저 붙인다. 타일이 무거워 벽에서 미끄러진다면 바닥부터 시작한다. 타일은 레이저 수평선에 맞춰 붙이고 손으로 누른다. 고무망치로 표면을 두들기면 더 쉽게 고정할 수 있다.

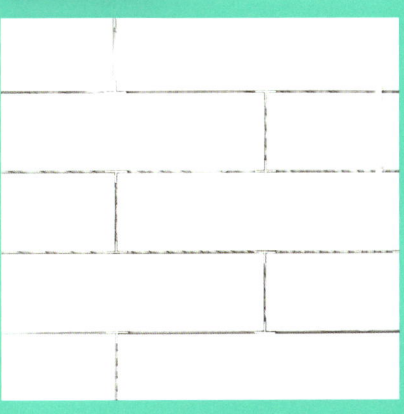

❻ 간격 맞추기

타일을 붙이면서 사이사이에 줄눈간격재를 끼워 간격을 균일하게 한다. 간격재가 없다면 동전처럼 얇고 단단한 것을 끼워도 괜찮다. 모양은 十자, T자, Y자 중 배치 방식에 맞는 제품을 선택해 사용한다. 일반적으로 일자배치에는 十자, 벽돌배치에는 T자, 다각형 타일은 Y자를 사용한다.

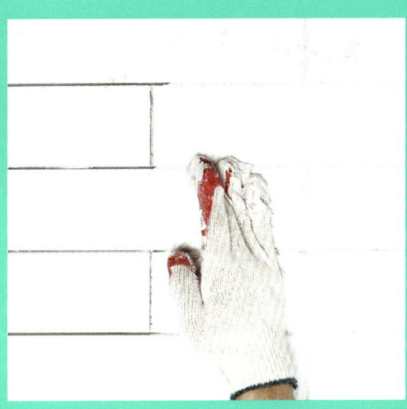

❼ 줄눈 채우기

타일이 벽에 완전히 고정됐다면 줄눈간격재를 제거하고 틈에 줄눈제를 채운다. 접착제와 마찬가지로 분말형이라면 물에 개어 반죽한 뒤 면 전체에 펴 바른다. 이때, 목장갑보다는 고무장갑을 착용하는 것이 수분을 흡수하지 않아 작업이 쉽다.

❽ 표면 처리

30분에서 1시간이 지났다면 줄눈제가 마르기 전에 표면을 닦아낸다. 물에 적신 스펀지로 타일면을 쓸면서 표면에 남은 잔여물을 제거한다. 틈 사이의 줄눈제가 완전히 마르면 타일벽 완성!

Maintenance of Tile
타일의 유지보수

글 정신오

타일은 단정히 시공하는 것만큼이나 온전한 상태로 유지하는 것이 중요하다. 미세한 균열이나 줄눈의 틈에 지속적으로 수분이 들어가거나 충격이 가해지면 파손될 수 있기 때문이다. 작은 구멍도 가벼이 여기지 말고 제때 보수해 타일을 오래오래 깨끗하게 사용하자.

❶ 지저분한 줄눈 청소하기

타일면의 극히 일부라도 오염되면 전체가 지저분해 보이는 것이 줄눈이다. 과탄산소다나 베이킹소다, 구연산 등의 분말형 천연세제를 이용하면 묵은 때를 쉽게 제거할 수 있다. 먼저 오염된 부위에 천연세제를 바른다. 그 위에 따뜻한 물을 뿌리면 거품이 일어난다. 솔을 이용해 살살 거품을 문질러주면 끝. 애초에 줄눈에 때가 타는 것이 싫다면 회색이나 어두운 색의 줄눈제를 이용해서 바르는 것이 좋다. 수영장에서 주로 쓰이는 에폭시 줄눈을 사용하면 오랫동안 때 안 타고 흰색을 깨끗하게 유지할 수 있지만 일반 줄눈에 비해 비싸다.

❷ 오염되고 구멍 난 틈 채우기

오래된 집은 줄눈이 떨어져 구멍이 생기기도 한다. 줄눈을 긁어내고 틈을 다시 메워보자. 줄눈제거톱을 이용해 남은 오염된 부분을 긁는다. 줄눈제거톱이 없다면 드라이버처럼 끝이 뾰족하고 긴 것을 사용해도 좋다. 살살 긁어 오염된 부분을 제거하고 그 틈으로 백시멘트 반죽을 채운다. 이때, 타일이 물에 젖어 있으면 건조가 늦어질 수 있으니 물기를 제거하고 작업하는 것이 좋다. 시멘트가 잘 말랐다면, 헤라를 이용해 줄눈 밖으로 넘친 것을 긁어낸다.

❸ 패이고 갈라진 타일 메우기

타일이 패이거나 금이 생겼다면, 타일을 들어내고 다시 붙여보자. 먼저 줄눈제거톱으로 테두리의 줄눈을 긁어낸다. 그 다음 중심에 작은 구멍을 낸 뒤 정이나 망치로 두들겨 타일을 깬다. 빈 자리에 남은 접착제를 제거해 교체할 바탕면을 깨끗하게 만든다. 이후에는 붙일 때와 마찬가지로 접착제를 바르고 타일을 붙인 뒤 줄눈을 채운다. 단순히 몇장 탈락한 경우는 교체하면 되지만 바탕체의 변형으로 파손됐다면 현장 상황에 맞는 대처가 필요하다.

❹ 코너면 관리하기

도기질 타일은 타일 뒷면에 100% 접착제가 채워지지 않기 때문에 모서리가 파손되기 쉽다. 먼저 접착제를 바른 면에 코너비드를 고정한다. 그 위에 타일을 붙이면 모서리면이 파손되는 것을 사전에 방지할 수 있다. 또 두꺼운 재질의 타일은 코너비드 없이 타일 가장자리를 45°로 면치기해서 모서리를 붙인다. 사전에 가공공장에 의뢰해 다듬으면 더 정밀하게 시공할 수 있다. 실리콘을 코너 부위에 바르는 것도 좋다. 접착제 자체의 탄성으로 습기 때문에 수축 팽창이 생겨 코너 부위의 타일이 떨어지거나 깨지는 것을 막을 수 있다.

❺ 외벽 오염 방지하기

타일을 습식 시공으로 외부에 마감하면 시간이 지나면서 줄눈을 타고 접착면에 스며든 습기가 얼었다 녹는 일이 반복되면서 탈락한다. 또 외벽 수평면에 쌓였던 먼지가 빗물에 씻겨 내리다 멈춰 마르게 되면서 얼룩이 생긴다. 대형 타일은 하지철물을 대어 고정하는 건식 시공이 좋다. 이는 타일이 줄눈의 습기를 흡수해 파손되는 것을 막을 수 있다. 작은 타일이라면 물매를 두거나 수평면의 재료를 벽면보다 조금 돌출되게 해 물이 고이지 않도록 한다.

How to Make

Tiling Know-How
전문가의 타일 시공 노하우

글 정신오

쉽게 시도할 수 있는 주방이나 작은 면적의 시공과는 다르게 물매를 잡아야 하는 욕실 바닥, 외부에 타일을 시공할 때는 바탕면 처리부터 줄눈이 필요 없는 건식 시공까지 여러 가지를 고려해야 한다. 시공사의 노하우를 통해 타일 견문을 한 단계 높여보자.

Q. 타일은 시공 전 바탕을 고르게 만드는 것이 중요하다. 재질에 따라 어떤 바탕 작업을 하나?

A. 간혹 설계에서 의도한 각도가 있는 경우를 제외하고는 벽과 바닥의 수평, 수직을 맞추는 것이 중요하다. 벽체에 시공할 때는 크기에 맞게 타일을 배치한 상세도면을 작성하고 그에 맞게 기준실을 설치해 모르타르로 바탕면을 고르게 만든다. 모자이크나 크기가 작은 타일이라면 저렴한 대형 도기 타일[Tce01]이나 방수 석고보드를 덧대 바탕면을 평평하게 한 뒤 붙이기도 한다. 배수가 없는 바닥은 수평이 되도록 바탕처리를 한다. 하지만 이는 기술공의 숙련도에 따라 품질의 차이가 생겨 셀프레벨링을 하기도 한다. 셀프레벨링은 고가이므로 10㎜ 이하로 시공하기를 추천한다. ─기로건설 김효일 대표

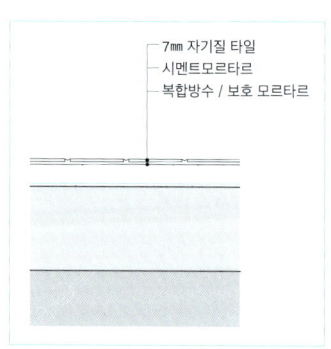

실내 바닥 타일면 바탕처리 상세도

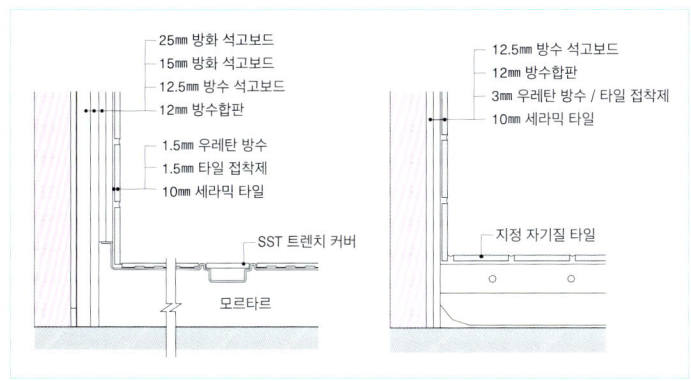

물을 쓰는 공간의 바닥 및 벽체 타일면 바탕처리 상세도

Q. 물을 쓰는 공간에 시공할 때 주의할 점은?
A. 배수가 필요한 바닥은 물매를 고려해 모르타르로 바탕면에 경사를 잡는다. 물매를 두어야 하는 곳에는 보통 300×300㎜를 사용한다. 그보다 더 큰 300×600㎜ 이상의 타일을 사용한다면 한쪽면에 트랜치를 설치하여 경사가 한 방향이 되도록 한다. 단, 물매를 한곳으로 둘 때는 골조와 설비 배관까지 고려해야 한다.
—기로건설 김효일 대표

A. 타일은 대부분 물에 노출된 공간에 주로 사용하기 때문에 방수를 한다. 먼저, 바탕면에 박힌 목재나 이물질을 제거한다. 그다음, 바탕면이 콘크리트나 시멘트 벽돌이라면 시멘트 액체방수를 한다. 시멘트 액체방수를 할 때는 수축으로 인해 배관 주변이나 모서리 부분에 하자가 발생하지 않도록 해당 부위를 타르 에폭시로 보강방수를 해주면 좋다. 석고보드처럼 면이 고른 부분 역시 타르 에폭시로 방수한다. 그리고 나서 물매를 잡는데, 물매를 둘 때는 골조공사 때부터 마감높이를 고려해 단차를 충분히 두어야 한다. 경사를 잡을 바닥이 넓을 수록 단차를 크게 하는 것이 좋다.
—예지인종합건설 전문태 대표

Q. 타일의 코너나 이질재료와 맞닿는 부분은 어떻게 처리하나? 주의 사항이 있다면?
A. 도기질 타일을 바탕면에 접착제를 발라 고정하는 떠붙이기 공법으로 시공할 경우 타일 뒷면에 모르타르가 완벽히 채워지지 않아 모서리가 파손될 수 있다. 그럴 때에는 스테인리스 스틸, 플라스틱, 알루미늄 등의 소재로 된 코너비드를 사용하는 것이 좋다. 또 타일이 두껍고 모서리가 노출되는 것이 싫다면 가장자리를 45°가 되도록 면치기 해서 모서리에 붙이기도 한다.
—기로건설 김효일 대표

A. 타일은 대부분 표면과 절단한 단면이 달라 직각으로 만나는 모서리 부분의 마감이 단정하지 않다. 이럴 때는 코너비드를 사용해 단면을 가리면 모서리가 파손되는 것을 방지하면서 깔끔하게 시공할 수 있다. 좀 더 고급스러운 마감을 원하면 타일 가장자리를 45°가 되도록 재단해 붙이면 된다. 단, 현장 가공은 깨끗하게 나오지 않을 수 있으니 좀 더 정밀한 시공을 위해 공장에 의뢰해 기계로 가공하기를 추천한다.
—예지인종합건설 전문태 대표

Q. 타일의 마감면을 오랫동안 깨끗하게 유지하기 위해서는 어떻게 관리해야 하나?
A. 흔히 타일 건물에 때가 잔뜩 끼고 녹물 같은 것이 흐른 자국을 볼 수 있다. 이는 상부 두겁이나 지붕에서 빗물이 흘러 내리면서 생긴 오염이다. 이를 방지하기 위해서는 두겁대의 경사를 안쪽으로 기울어지도록 하거나 마감면보다 돌출되게 해 물끊기를 해주어 벽면에 빗물이 흘러내리지 않도록 하는 것이 좋다. —기로건설 김효일 대표

A. 작은 타일을 습식으로 시공하면, 시간이 지나면서 줄눈을 타고 접착면에 스며든 물이 동절기에 어는 일이 반복되어 탈락할 수 있다. 또 외벽재료의 수평면에 쌓였던 먼지가 빗물에 씻기면서 벽을 타고 흐르다 마르면서 오염이 생긴다. 외장으로는 대형 타일을 건식으로 시공하는 것을 추천하지만, 그렇지 않다면 수평면의 마감재료를 벽면보다 조금 돌출시키면 벽면 오염을 방지하는 데 효과적이다. —예지인종합건설 전문태 대표

Q. 타일을 고층건물에 사용할 경우 어떤 방식으로 시공하는 것이 좋나? 붙이거나 압착하는 방식 외에 다른 방법이 있다면 함께 소개해 달라.
A. 고층건물 타일 외장재의 경우 한 장씩 습식으로 붙이는 기존의 방법은 한계가 있다. 국내에서는 2000년 초반부터 하지 철물을 대고 끼우는 시공법을 도입해 사용하고 있다. 시멘트로 줄눈 작업을 하지 않아 오염이 적고 세라믹 타일Tœ의 자기 세정 작용으로 깨끗한 외관을 유지할 수 있다. 하지만 오픈 조인트로 시공이 되기 때문에 사전에 누수에 대한 계획이 필요하다.
또 공장에서 시멘트벽돌에 타일을 붙여서 제작해 조적 방식으로 타일마감을 하는 방법도 있다. 이는 타일 이외의 천연 대리석이나 다른 재질의 마감재에도 적용할 수 있다. 단 공장생산을 해야 되기 때문에 설비투자 대비 수요에 따른 경제성도 함께 검토해야 한다. —기로건설 김효일 대표

답변을 도와준 설계, 시공 전문가
기로건설㈜
대표 김효일·종합건설사·kirocon.com

예지인 종합건설
대표 전문태·종합건설사·www.yezin.com

4 Supplement

타일 업체와 대리점 정보

타일은 대리점 체계로 판매되고 있어 제조사의 홈페이지에서 제품을 보아도 구매처나 품질은 확인하기 어렵다. 이에 생산, 유통, 시공, 부자재 업체 30여 곳을 소개한다. 직접 제작하는 곳, 아트월이나 수입 타일만을 전문으로 취급하는 곳, 부자재 업체와 시공 업체를 파악한다면 대량주문이나 특정 용도의 제품을 구매기간이 수월해진다.

생산 및 유통 판매

대동타일 daedongtile.co.kr
- 구분: 생산, 유통, 판매
- 취급품목: 실내 벽, 바닥타일
- 특징: 직납 대리점, 공장직납 불가능, 주문제작 불가능
- 주소: 세종특별시 전의면 산단길 22-63
- 연락처: 02-2265-3335

대보타일 biotile.co.kr
- 구분: 생산, 유통, 판매
- 취급품목: 실내 벽타일(한보요업), 실내 바닥타일(대보타일)
- 특징: 자체 브랜드 한보(벽타일 전문), 대보(바닥타일 전문), 대량주문 시 공장직납 가능, 기존 제품에 색을 바꾸는 주문제작 가능
- 주소: 서울시 강동구 상일로 10길 36 세종빌딩 508호
- 연락처: 본사 043-833-0911
  서울영업소 02-472-6350

IS 동서-이누스 www.inushaus.com
- 구분: 생산, 유통, 판매
- 취급품목: 욕실 전문 벽, 바닥타일
- 특징: 욕실 전문 타일브랜드 이누스, 논현, 아산, 진주 전시장 있음. 대량주문 시 공장직납 불가능, 주문제작 가능
- 주소: 서울시 강남구 영동대로 741 은성빌딩
- 연락처: 1588-8613

와이제이21 www.yj21c.co.kr
- 구분: 생산
- 취급품목: 실내 벽, 바닥타일
- 주소: 서울시 서초구 강남대로 2길 17
- 연락처: 02-575-6180

삼영산업 syctile.co.kr
- 구분: 생산, 유통, 판매
- 취급품목: 실내 벽, 바닥타일
- 특징: 직납 대리점, 대량주문 시 공장직납 불가능
- 주소: 본사 및 공장 경남 김해시 진영읍 하계로 138번길 51-62
  서울사무소 서울특별시 종로구 청계천로 35 청계천로 35 판정빌딩 5층
- 연락처: 본사 및 공장 055-342-3030
  서울사무소 02-779-2473

삼현 samhyuntile.co.kr
- 구분: 생산, 유통, 판매
- 취급품목: 실내 벽, 바닥타일
- 특징: 직납 대리점(서울), 대량주문 시 공장직납 불가능
- 주소: 서울영업소 서울시 중구 충무로3가 60-1
  대리점 리빙세라믹 서울시 강남구 논현동 132-78
- 연락처: 서울영업소 02-2277-5271
  대리점 02-547-0835

케이티세라믹 www.ktceramic.co.kr
- 구분: 생산, 유통, 판매
- 취급품목: 실내 벽, 바닥타일
- 특징: 대량주문 시 주문제작, 공장직납 불가능
- 주소: 본사 충청남도 예산군 신암면 추사로 301
  서울사무소 서울시 영등포구 선유동 1로 22, 10층
- 연락처: 02-2612-1750

태영세라믹 www.tyceramic.co.kr
- 구분: 생산, 유통, 판매
- 취급품목: 실내 벽, 바닥타일
- 특징: 직납 대리점, 대량 주문시 견적의뢰서 (건설사, 수량) 작성 후 공장직납 가능, 주문제작 불가능
- 주소: 본사, 공장 충청남도 당진시 면천면 면천로 1092-5
  서울영업소 서울시 강남구 봉은사로 214 레드페이스빌딩 6층
- 연락처: 041-355-5890

토와 3.co.kr
- 구분: 주문제작, 시공
- 취급품목: 포인트, 아트월 타일
- 특징: 예술타일 제작 및 시공
- 주소: 서울특별시 강동구 길동 47
- 연락처: 1800-3318

디크리트 dcreteshop.com
- 구분: 생산, 판매
- 취급품목: 콘크리트 타일, 콘크리트 패널 및 가구
- 특징: 자체 제작 콘크리트 타일
- 주소: 경기도 광주시 오포읍 양촌길 195-1
- 연락처: 1588-9468

유통

대림바스
🔗 www.daelimbath.com
구분	유통, 판매
취급품목	욕실 전용 벽, 바닥타일
특징	논현, 중곡 전시장
주소	본사 경상남도 창원시 성산구 공단로 52
연락처	☎ 1588-4360

동서세라믹스
🔗 www.dscs.co.kr
구분	유통, 판매, 시공
취급품목	실내 벽, 바닥타일
주소	경기도 남양주시 진건읍 독정로 252-14
연락처	☎ 031-572-6001

두우 타일 앤 스톤
🔗 두우타일.kr
구분	유통, 판매
취급품목	20T 타일, 박판타일, 세라믹 타일
특징	해외타일 수입판매 업체
주소	서울시 강남구 학동로 24길 7 1층
연락처	☎ 02-512-5945

㈜상아타일
🔗 www.sangahtile.co.kr
구분	유통, 판매
취급품목	실내 세라믹 벽, 바닥타일, 박판타일
특징	온라인 판매, 전시장
주소	서울시 강남구 논현로 618 상아타일빌딩
연락처	☎ 02-3442-1250

서진타일
🔗 sjent.co.kr
구분	유통, 판매
취급품목	실내 세라믹 벽, 바닥타일
특징	영도, 화도 전시장
주소	서울시 강남구 논현동 217-38
연락처	☎ 02-518-1563

㈜세종요업
🔗 sejong.tile114.co.kr
구분	유통, 판매
취급품목	실내 벽, 바닥타일, 타일 부자재
주소	인천광역시 중구 신흥동3가 60-18번지
연락처	☎ 032-584-8455

스마일상재
🔗 blog.naver.com
구분	시공, 부자재 판매
취급품목	비닐타일 전문 시공
특징	오프라인 타일 본드 판매
주소	경기도 안산시 상록구 사동 1314-11번지
연락처	☎ 031-406-1009, 010-8328-8738

㈜아주세라믹스
🔗 www.ajutile.com
구분	유통
취급품목	실내 벽, 바닥타일
주소	경기도 하남시 하남대로 622길 81
연락처	☎ 031-791-2569

유로세라믹
🔗 www.eurotile.co.kr
구분	유통, 판매
취급품목	실내 벽, 바닥타일
특징	온라인 판매, 전시장
주소	서울시 강남구 논현로 127길 14
연락처	☎ 02-543-6031

유송타일
🔗 usong.co.kr
구분	해외타일 수입, 국내업체 유통 판매
취급품목	실내 벽, 바닥타일
주소	본사 경기도 고양시 덕양구 서오릉로 718
연락처	☎ 031-884-2571

윤현상재
🔗 www.younhyun.com
구분	유통, 판매
취급품목	실내 벽, 바닥타일
특징	전시장, 타일 워크숍
주소	서울시 강남구 논현동 132-22
연락처	☎ 02-3444-4366, 02-540-0145

이화동서타일
🔗 www.ihwadongseo.com
구분	유통, 판매
취급품목	실내 벽, 바닥 도자기 타일
특징	전시장
주소	시흥전시장 경기도 시흥시 목감우회로 114번길 56 안양전시장 경기도 안양시 만안구 안양로 371
연락처	☎ 070-7756-4772

티앤비세라믹스
🔗 www.etnb.co.kr
구분	유통, 판매, 시공
취급품목	실내 벽, 바닥타일
특징	전시장
주소	서울특별시 강남구 테헤란로 327
연락처	☎ 010-5204-1537

키엔호
🔗 kienho.com
구분	유통, 판매
취급품목	엔커스틱타일
특징	온라인 판매, 쇼룸
주소	서울시 강남구 강남대로 102길 47
연락처	☎ 02-717-6750

시공

범우
🔗 www.bumwoo.com
구분	시공, 부자재 판매
취급품목	타일 접착제
주소	경기도 성남시 수정구 복정동 642-8 2층
연락처	☎ 031-712-2020

우영타일
🔗 www.15774720.com
구분	시공
취급품목	타일시공, 화장실 본드발이
주소	서울시 금천구 탑골로 13길-3
연락처	☎ 010-8507-8476

이안타일
🔗 www.iantile.com
구분	시공
취급품목	타일시공
연락처	☎ 010-9255-0914

타일 엠
🔗 www.tilem.kr
구분	시공
취급품목	타일시공, 리모델링 및 하자보수
연락처	☎ 010-2600-8181

타일인력
🔗 www.tilejob.co.kr
구분	시공
취급품목	타일시공, 리모델링 및 하자보수
주소	서울시 송파구 총민로 4길 6
연락처	☎ 02-400-3525

부자재

쌍곰
🔗 www.ssangkom.co.kr
구분	시공 부자재 생산, 판매
취급품목	타일 접착제, 시멘트, 바탕 프라이머
주소	서울특별시 중구 퇴계로 286 쌍림빌딩
연락처	☎ 02-2271-3030

마페이
🔗 www.mapei.com
구분	타일 접착제 생산
취급품목	타일 접착제, 줄눈제
주소	서울특별시 마포구 월드컵북로 361 오피스동 14층 마페이 코리아
연락처	☎ 02-6093-2300

하남스타물류
🔗 www.hanamstar.co.kr
구분	부자재 총판
취급품목	타일 접착제, 시공 부자재
특징	온라인, 오프라인 판매
주소	경기도 하남시 성산곡동 504-7번지
연락처	☎ 031-796-3590

Supplement

Tile Road
타일로드

타일을 구매하고 싶다면 을지로와 논현의 타일거리를 방문하자. 을지로는 국산과 중국산, 논현은 유럽산과 중국산을 주로 취급해 두 곳의 제품이 조금은 다르지만 매장이 모여 있어 여러 곳을 비교할 수 있다.

논현동 타일거리

을지로와 비교하면 가격이 조금 비싸지만 디테일과 색이 선명한 제품을 볼 수 있다. 일상에 스며든 타일에서 소개된 디타일(p.76-79 참고)을 유통하는 업체 역시 논현동에 위치한다. 또 일부 매장에서는 다소 기간은 걸리지만 원하는 디자인으로 주문제작할 수도 있으니 필요에 따라 적합한 곳을 방문하자.

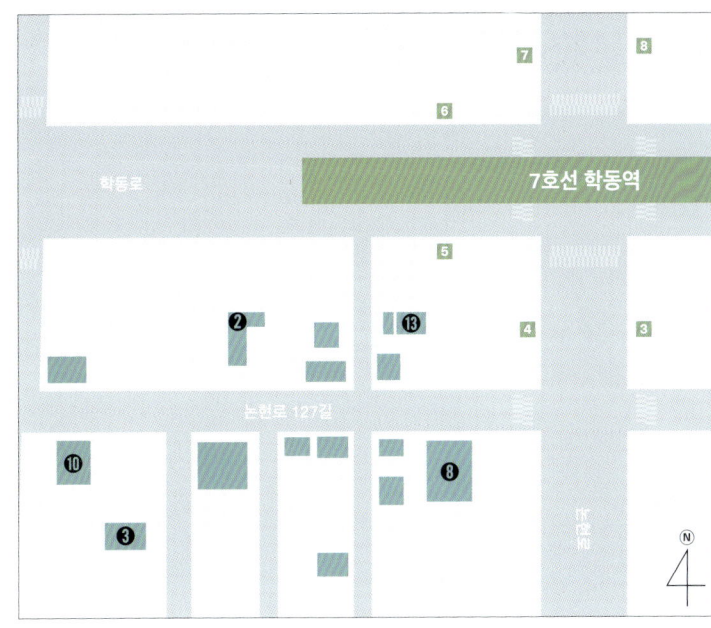

❶ 상아타일   www.sangahtile.co.kr
구분	유통 및 판매
취급품목	실내 벽, 바닥타일
특징	온라인 판매, 전시장
주소	서울시 강남구 논현로 618 상아타일빌딩
연락처	02-3442-1250

❷ 유로세라믹   www.eurotile.co.kr
구분	해외타일 유통 및 판매
취급품목	실내 벽, 바닥타일
특징	전시장
부자재	마페이(mapei) 접착제
주소	서울시 강남구 논현로 127길 14
연락처	02-543-6031

❸ 윤현상재   www.younhyun.com
구분	해외타일 유통 및 판매
취급품목	실내 벽, 바닥타일
부자재	접착제
특징	전시장, 타일 워크숍
주소	서울시 강남구 논현동 132-22 윤현빌딩
연락처	02-3444-4366, 02-540-0145

❹ 키엔호   kienho.com
구분	유통, 판매
취급품목	앤커스틱타일
특징	온라인 판매, 쇼룸
부자재	발수코팅제
주소	서울시 강남구 강남대로102길 47
연락처	02-717-6750

❺ 루비세라믹   www.rubyceramic.com
구분	유통 및 판매
취급품목	포세린 타일
특징	온라인 판매, 전시장
주소	서울시 강남구 논현로 123길 13
연락처	02-543-4184

❻ 오이스터트레이딩타일
주소	서울시 강남구 논현로 128길 23
연락처	02-547-7000

❼ 월드타일   www.worldtile.net
구분	유통 및 판매
취급품목	모자이크타일, 유리 타일, 특수 타일
주소	서울시 강남구 논현로126길 9
연락처	02-3445-4589

❽ 타일웍스
주소	서울시 강남구 논현로 661
연락처	02-547-1326

❾ 타일하우스   www.tilehouse.co.kr
주소	서울시 강남구 학동로 30길 19
연락처	02-544-4184

❿ 티앤피세라믹   www.tileplan.co.kr
주소	서울시 강남구 학동로 24길 5
연락처	02-547-4374

⓫ 티타일
주소	서울시 강남구 학동로 26길 20
연락처	02-514-8529

⓬ 한성도기타일   www.bathroom.co.kr
특징	욕실자재 전문 쇼핑몰
주소	서울시 강남구 논현로 128길 26
연락처	02-540-2878

⓭ 호연도기타일   blog.naver.com/hoyuntile
주소	서울시 강남구 학동로 28길 5
연락처	02-547-6705

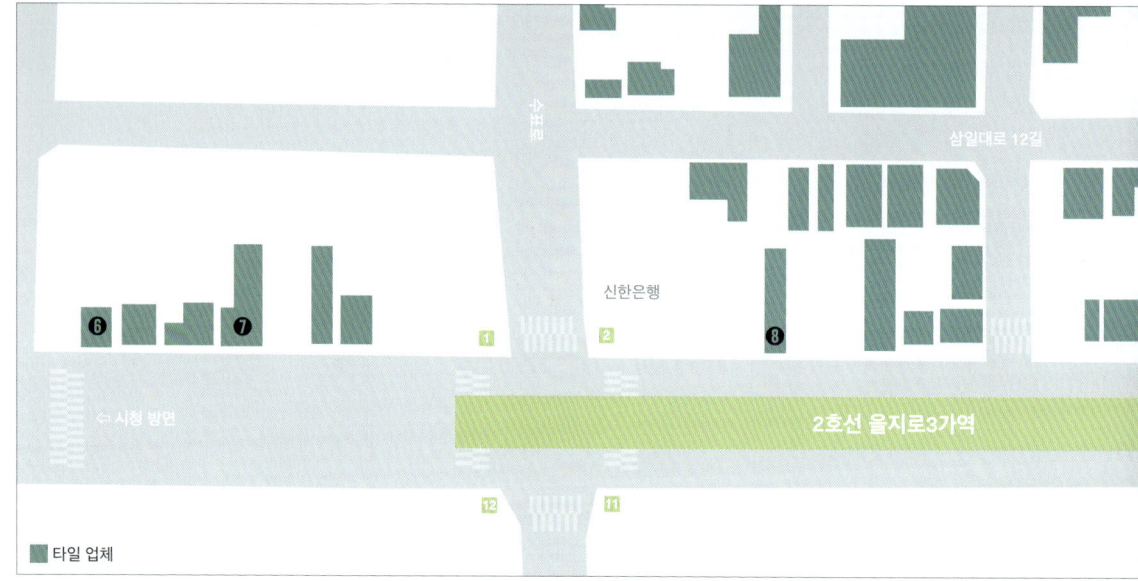

을지로 타일거리

을지로 타일거리 업체 조사는 실제 도면을 바탕으로 매장에 의뢰하며 구매에 필요한 정보를 모았다. 면적이나 물량정보가 없어도 견적에 대한 상담을 받을 수 있는 곳을 이용편의도 ⓤ, 면적만으로 견적을 받을 수 있는 곳을 ⓜ, 자세한 도면이 있어야 상담을 해주는 곳을 ⓓ로 분류하였다. 대량주문이나 주문제작, 필요한 부자재가 판매하는지를 확인할 수 있으니 부록을 통해 타일 고르는 시간을 줄여보자.

이용편의도: ⓤ

❶ 타일파크

구분	국산, 수입타일 소매
취급품목	대동, 동서 이누스, 대보
	수입산: 중국산, 스페인산, 이탈리아산
샘플제공	불가능
최소물량	1상자 이상, 낱장구매 불가능
대량주문 가능여부	국산 2~3주, 수입 1개월
특징	수입도기와 함께 판매
부자재	접착제 판매, 안료 주문가능
시공여부	시공업체 추천
주소	서울시 중구 을지로 3가 271-3
담당자 / 연락처	정동진 / 02-774-2800, 010-9291-2800

❷ 라미도기타일

구분	국산, 수입타일 소매
취급품목	대동, 동서 이누스, 삼현, 삼영
	수입산: 중국산, 스페인산, 이탈리아산, 인도네시아산
샘플제공	가능
최소물량	1상자 이상, 낱장구매 불가능
대량주문 가능여부	800박스, 1300㎡ 이상 주문 시 가능
부자재	접착제 판매
시공여부	불가능
주소	서울시 중구 창경궁로 55-2 1층
담당자 / 연락처	방철희 / 02-2274-6472, 010-7107-6472

❸ 케이바스

구분	국산, 수입타일 소매
취급품목	중국산 90%, 기타 10%
샘플제공	가능
최소물량	1상자 이상, 낱장구매 불가능
대량주문 가능여부	2,000박스, 3,000㎡ 이상 주문 시 가능
	단, 제작 및 유통기간 최소 2개월
부자재	접착제 및 가루형 안료 판매
시공여부	전담 시공팀 보유
주소	서울시 중구 을지로4가 187-10
담당자 / 연락처	김승언 / 02-2277-2545, 070-4150-2545

❹ 은경세라믹

구분	국산, 수입타일 소매
취급품목	국산, 수입 타일
샘플제공	가능
최소물량	1상자 이상, 낱장구매 불가능
대량주문 가능여부	10,000㎡ 이상 주문 시 가능 단, 제작 및 유통기간 최소 1개월
부자재	접착제 판매
시공여부	시공업체 추천
주소	서울시 중구 을지로 145
연락처	02-2274-5728~3, 010-3227-1955

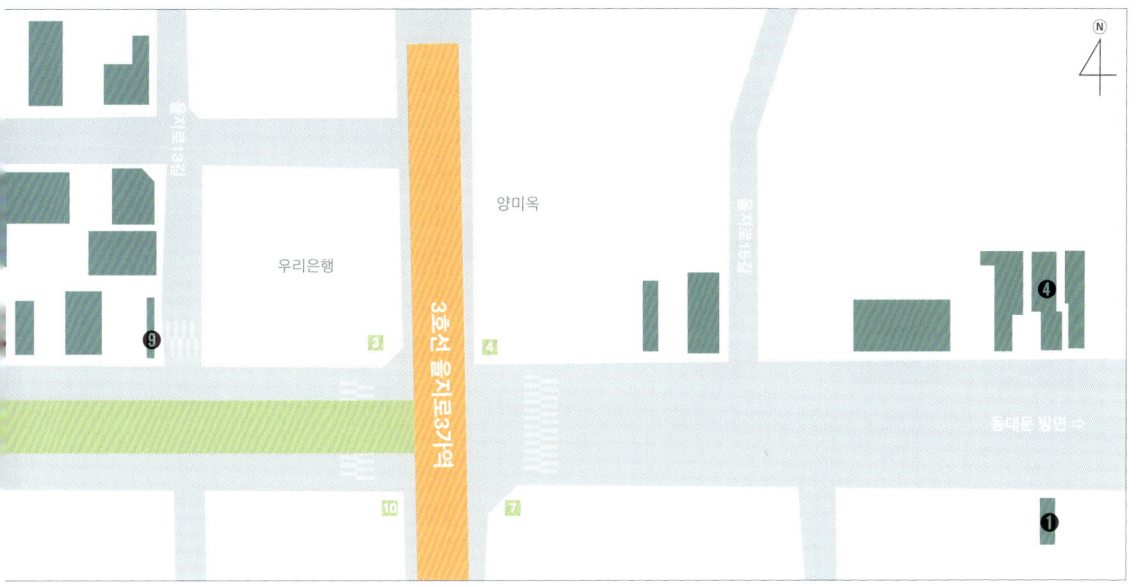

이용편의도: 中

❺ 동원 T&B

구분	국산, 수입타일 소매
취급품목	국산, 수입산
최소물량	1상자 이상, 낱장구매 불가능
대량주문 가능여부	10,000㎡ 이상 주문 시 가능
특징	위생도기 판매
시공여부	전담 시공팀 보유
주소	서울시 중구 을지로3가 65-35
담당자 / 연락처	02-2279-2091, 010-2704-7323

❻ 서영도기타일

구분	대림 직영매장
취급품목	대림바스 타일, 위생도기
특징	매장 내 소규모 쇼룸 보유, 위생도기 판매
시공여부	전담 시공팀 보유
주소	서울 중구 을지로 99
담당자 / 연락처	02-2279-2088

❼ 지우세라믹

구분	국산, 수입타일 소매
취급품목	계림, 대동, 대림, 대보, 동서 이누스, 이화, 아메리칸 스탠다드
최소물량	1상자 이상, 낱장구매 불가능
대량주문 가능여부	국산 2주~1개월, 수입산 1,000㎡ 이상 주문시 가능
	운송기간 보름, 재고가 없는 경우 2~3장
부자재	접착제, 코너비드 판매
주소	서울시 중구 을지로2가 101-22 1층
연락처	02-2277-9985, 010-5448-6174

이용편의도: 下

❽ 은성도기

구분	국산, 수입타일 소매
취급품목	국산, 수입산
최소물량	1상자 이상, 낱장구매 불가능
대량주문 가능여부	물량 확인 후 재고 있는 제품에 한해 주문 가능
주소	서울시 중구 을지로3가 65-2
연락처	02-2267-4378~9, 010-8834-7787

❾ 계림타일

최소물량	최소 1상자 이상, 낱장구매 불가능
대량주문 가능여부	국산 1개월, 중국산 3개월
주소	서울특별시 중구 을지로 111 1층
연락처	02-2265-7721~2, 010-3036-1138

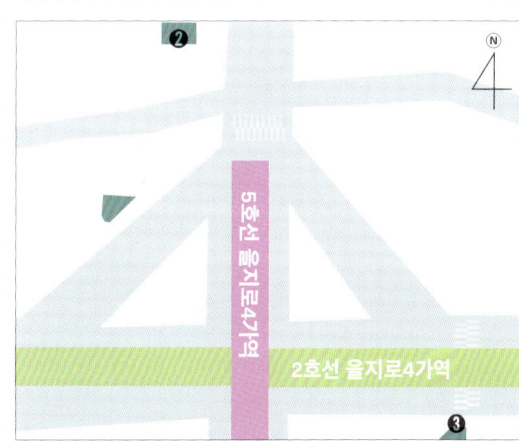

참고자료

단행본

— David Hamilton. Architectural Ceramics. London, Thames&Hudson, 1978.

— 임석재. 『서양건축사: 땅과 인간』. 북하우스, 2003.

— Hans van Lemmen. 『5,000 years of tiles』. The British Museum, 2013.

— 임미선. 『건축도자 Now&New』. 클레이아크김해미술관, 2009.

— 조준현, 조민석. 『건축재료학』. 기문당, 2017.

— 신상호. 『THE CONTAINER』. 신상호 스튜디오, 2016.

— Michael Schweit, Robin Nichola. Tiling Complete: Expert Advice from Start to Finish. Taunton Pr, 2008.

— 김영수 외 5명. 『타일 시공하자 사례 및 방지대책』. 대한도자기타일공업협동조합, 2007.

— 무역위원회. 『생활도자기 산업경쟁력 조사』. 무역위원회, 2009.

논문

— 한세정. '선의 율동성을 모티브로 한 실내도벽에 관한 연구'. 홍익대학교대학원 석사논문, 2005, 8.

— 김진호 외 5명. '고화도 발색세라믹잉크를 이용한 잉크젯프린팅 도자타일 연구동향'.
『Journal of the Korean Ceramic Society』, 2013, 11, pp.498-503.

— 김민형, 김진호. '건축용 도자타일 산업현황 및 잉크젯 프린팅 도자타일 기술동향'.
『세라미스트』, 2016, 6, pp.30-34.

— 문준섭. '수요자 맞춤형 고선명 잉크젯프린팅 도자타일 개발 기술'. 『세라미스트 19(3)』, 2016, 9, pp.36-45.

— 박동천, 윤성진. '외장 타일 마감재의 수분이동차단성 및 흡수 응력발생에 관한 연구'.
『대한건축학회 논문집 – 구조계 27(10)』, 2011, 10, pp.129-136.

웹사이트

— 대한도자기·타일공업협동조합 www.koceramics.com

— 실내건축공사협의회 www.kicc.or.kr